ADAC Reisemagazin

SCHWEIZ

Tessin

Berge und Seen, Kulinarik, Kultur
und traumhafte Natur

In Zusammenarbeit mit Schweiz Tourismus

Das Tessin
– eine Region zum Verlieben!

Von allem das Beste: Italienischer Lifestyle trifft auf Schweizer Qualität. Die Kombination macht das Tessin so wunderbar

Im Tessin ist es wie in der Liebe: Die Gegensätze ziehen sich an! Palmen und Gletscher, Dolce Vita und Extremsport, uralte Kirchen und moderne Architektur: Im südlichsten Teil der Schweiz, durch den stets ein Hauch von Italien weht, verschmelzen die Gegensätze zu einem harmonischen Ganzen.

„Sie ist wunderbar reich und schön, und vom Alpinen bis ganz Südlichen ist alles da", schwärmte Literatur-Nobelpreisträger Hermann Hesse von seiner Wahlheimat Tessin. In der Tat: Wo sonst könnte man morgens über Gletscher wandern und nachmittags unter Palmen dösen? In der Region Locarno mit ihrem alpinen Hinterland ist das ohne Weiteres möglich. Während man einerseits in der Tessiner Bergwelt durch stille Täler und einsame Dörfer wandert, flaniert man andererseits über die belebte Piazza Riforma in Lugano mit der Leichtigkeit des mediterranen Dolce Vita. Kaum mehr als eine halbe Stunde dauert die Zeitreise vom 1500 Jahre alten Baptisterium in Riva San Vitale zu Mario Bottas avantgardistischer Kapelle auf dem Monte Tamaro.

Auch die Geschichte vom Essen und Trinken spannt einen weiten Bogen. Dank kulinarischen Einflüssen aus dem nahen Italien hat sich die Cucina Povera, die arme Tessiner Küche, von kargen Kastanienmehl-Gerichten zu einer vielfältigen, oft mit Sternen gekrönten Küche emporgeschwungen. Vom urigen Grotto bis zum stilvollen Gourmettempel gibt es vieles zu entdecken. Bei einem Glas Merlot del Ticino kommt man dann meist nicht umhin, den Einheimischen beizupflichten. „Hier ist es so schön", erzählen die Tessiner, „dass nachts die Sterne enger zusammenrücken, damit sie ja alle Platz finden über dem Paradies."

So angenehm: das Klima
Das Tessin liegt etwa gleich weit vom Nordpol wie vom Äquator entfernt, mitten in der gemäßigten Klimazone. An den Seen beträgt die Temperatur im Jahresmittel 12 °C, selten fällt sie unter 0 °C oder überschreitet 30 °C. Das Tessin verfügt über eine besonders sonnige Lage mit durchschnittlich mehr als 2170 Sonnenstunden im Jahr.

Bellinzona e Alto Ticino

Faido

Acquarossa

Biasca

Lago Maggiore e Valli

TESSIN

Bellinzona

Locarno

Ascona

Lago di Lugano

LAGO MAGGIORE

Lugano

LAGO DI LUGANO

Mendrisio

Mendrisiotto

La dolce vita

Süß ist das Leben in der Region **Ascona-Locarno**:
Am Lago Maggiore finden wir wahre Wohlfühloasen

W er ein empfindsames Herz hat, verkauft auch sein letztes Hemd, um den Lago Maggiore zu besuchen", schrieb der berühmte französische Schriftsteller Stendhal, ergriffen von der Farbenvielfalt, der Atmosphäre und dem Duft der Region. Dass der Lago Maggiore die Herzen der Besucher im Sturm erobert, muss an seiner Ausstrahlung liegen, die das pure Dolce Vita verspricht, das süße Leben. Und natürlich am sensationellen Naturerlebnis. Hier treffen südländisches Ambiente und Alpenglanz aufeinander.

Dass es sich in diesem Garten Eden gut leben lässt, war schon den Römern bekannt, belohnten diese doch altgediente Legionäre mit einer Niederlassung am Lago Maggiore. Nicht von ungefähr eilt Ascona und Locarno bis heute der Ruf einer Wohlfühloase voraus. Locarno ist wohl die klimatisch am meisten begünstige Stadt der Schweiz. Fast 2300 Sonnenstunden im Jahr bei einer Durchschnittstemperatur von 15,5 °C erlauben es Flora und Fauna, sich entsprechend günstig zu entwickeln. Kultureller Höhepunkt

Ascona genießen
Aperitivo mit Seeblick: Ascona gilt als die „Perle des Lago Maggiore"

sind die Filmfestspiele, die jährlich im August stattfinden.

Ascona, oft als „Perle des Lago Maggiore" bezeichnet, ist mit einer hohen Anzahl an Luxushotels und vielen Unterkunftsmöglichkeiten in allen Kategorien international bekannt als eines der Top-Ferienziele der Schweiz mit hohem kulturellen Niveau. Ist Ascona auch der exklusivste Ort am Lago Maggiore, hat er sich dennoch den typischen Charakter eines malerischen Fischerdorfes bewahrt.

Was wäre ein Aufenthalt am Lago Maggiore, ohne die wilden Täler besucht zu haben, die sich nördlich und westlich von Locarno und Ascona erstrecken? Etwas mehr als einen Steinwurf von den mondänen Uferpromenaden entfernt führen kurvenreiche Straßen in die Einsamkeit der Täler. Zu den bekanntesten gehören das Centovalli-, Maggia-, Onsernone- und Verzascatal.

Wanderer und Biker schätzen dort die schattigen Wälder, die sonnigen Flussufer und die steilen Wege

Lago Maggiore Auf der Promenade flanieren oder mit dem Ausflugsschiff über den See tuckern

– und natürlich die Tessiner Spezialitäten in einem lauschigen Grotto. Bei einem Glas Merlot und einem Teller Polenta mit Brasato kommt man dann unweigerlich zu dem Schluss: Stendhal hat Recht!

Tipps

75 Jahre Locarno Filmfestival

Anfang August wird die Piazza Grande von Locarno zum „schönsten Kinosaal unter freiem Himmel", ein Hauch von Hollywood weht durch die Stadt am oberen Ende des Lago Maggiore. Die Film-Highlights werden traditionell auf einer riesigen Leinwand auf der Piazza Grande gezeigt. Dieser größte Kulturanlass der Schweiz feiert 2022 sein 75-jähriges Bestehen. 3. bis 13. August 2022, *locarnofestival.ch*

Ein Dorf als Hotel: Albergo Diffuso Corippo

Das Zwölf-Seelen-Dörfchen Corippo im Verzascatal ist seit Ostern 2022 ein „Albergo Diffuso". Nach italienischem Vorbild fungieren fünf der im Ort verteilten Rustici als Zimmer mit insgesamt 26 Betten, die engen Gassen bilden quasi die Hotelgänge, während die Osteria als Rezeption und Treffpunkt mit Aussichtsterrasse zum Verweilen einlädt. *corippoalbergodiffuso.ch*

20 Jahre Vallemaggia Magic Blues Festival

„Das kleinste große Blues-Festival der Schweiz" füllt die Dorfplätze der Orte im Maggiatal (dem „Magic Valley") mit Konzerten. 8.7. bis 7.8.2022. *magicblues.ch*

Filmfestival in Locarno
Die Piazza Grande von Locarno wird zum Open-Air-Kinosaal

Sonnige Inspiration

Elegant, international und dabei sehr entspannt: **Lugano** wirkt mit seiner besonderen Atmosphäre inspirierend

Berge und See
Sonnenuntergang über dem malerisch in die Landschaft eingebetteten Lugano

Schweizer Qualität verbunden mit italienischer Lebensart: Lugano, die größte Stadt des Tessins, ist in eine atemberaubend schöne Seen- und Berglandschaft eingebettet. Hier lief schon Hermann Hesse zur Höchstform auf.

Hesse war nach eigenem Bekunden „ein kleiner, abgebrannter Literat", als er 1919 ins Tessin übersiedelte. In Montagnola oberhalb von Lugano blühte er wieder auf. Hier verfasste er Weltliteratur wie „Siddhartha", „Der Steppenwolf" oder „Narziß und Goldmund" – Titel, die ihm den Nobelpreis einbrachten.

Museum Hermann Hesse
In Montagnola begann Hermann Hesse wieder zu schreiben. Das Museum in der Casa Camuzzi ehrt ihn

Ausgezeichnet
Morcote am Luganersee wurde zum
schönsten Dorf der Schweiz gekürt

Das Beispiel Hesse verdeutlicht zweierlei: Zum einen ist das Tessin dank seines milden Klimas ein idealer Ort, um Energie zu tanken. Zum anderen geht von der kontrastreichen Seen- und Berglandschaft ein Zauber aus, dem man sich nur schwer entziehen kann. „Sie ist wunderbar schön, und vom Alpinen bis ganz zum Südlichen ist alles da", schwärmte Hesse.

Facettenreich ist auch Lugano. Von Lucus, was so viel wie geweihter Wald bedeutet, soll der Name der Stadt herrühren. Einst ein einfaches Bauern- und Fischerdorf, später ein Handels- und Marktstädtchen mit regionaler Bedeutung erlebte Lugano als Zufluchtsort vieler italienischer Politiker und Intellektueller im 19. Jahrhundert eine erste kulturelle Blütezeit.

Der Anschluss an die Gotthardbahn, die 1882 ihren Betrieb aufnahm, besiegelte den Aufstieg der südlichsten Stadt der Schweiz zur wirtschaftlichen Metropole. Ihren Reichtum verdankt die Stadt Lugano nicht zuletzt dem Finanzplatz, dem nach Zürich und Genf drittgrößten der Eidgenossenschaft.

Die Stärken des modernen Lugano liegen denn auch im Dienstleistungssektor. Und im Tourismus: Schon zu Zeiten der Grand Tour im frühen 19. Jahrhundert zog Lugano eine internationale Klientel an, die sich vor allem für Natur und Kultur interessierte. Heute lockt Lugano mit eleganten Restaurants, bunten Straßencafés, Museen, Kirchen, Parks sowie Boutiquen und Geschäften. Ein idealer Ort für erholsame Tage fernab des grauen Alltags.

Die einmalige Lage am See mit Monte Brè und Monte San Salvatore als alpine Akzente, das milde Klima und die üppige Vegetation bilden das natürliche Kapital von Lugano. Business, Eleganz und Internationalität verbinden sich hier mit südländischer Gelassenheit.

Tipps

LAC – Luganos kulturelles Wahrzeichen
Ein kultureller Leuchtturm ist das vom Architekten Ivano Gianola gestaltete Kulturzentrum LAC – Lugano Arte e Cultura. Das Gebäude an der Seepromenade beinhaltet einen Theater- und Konzertsaal, Veranstaltungsräume und ein Kunstmuseum. *luganolac.ch*

Morcote: das schönste Dorf der Schweiz
2016 wurde Morcote am Luganersee zum schönsten Dorf der Schweiz gekrönt. Prominente haben den Ort schon seit Langem entdeckt, Romy Schneider und Peter Alexander hatten hier ein Ferienhaus. Historische Patrizierhäuser, Laubengänge und die Kirche Santa Maria del Sasso prägen den Ort. Am Westende bezaubert der Parco Scherrer mit Kunst im botanischen Garten. *morcoteturismo.ch*

50 Jahre Erlebnisberg Monte Tamaro
Einst als Skigebiet bekannt, ist der Monte Tamaro bei Lugano heute ein Erlebnisberg – mit Gondel- und Rodelbahn, Seilpark und Seilrutsche, mit Wanderwegen und Mountainbike-Trails. Die Kapelle Santa Maria degli Angeli von Stararchitekt Mario Botta, ein Kulturpfad und Veranstaltungen runden das Angebot ab. 2022 feiert der Erlebnisberg sein 50-jähriges Jubiläum und setzt darauf, künftig energieautark zu sein. *montetamaro.ch*

Mendrisio
„Trasparenti" schmücken
die Osterprozession

Monte San Giorgio
Wo einst das Urmeer war, liegen
marine Fossilien verborgen

Einzigartige Schätze

Das Tessin ist eine **Schatzkammer**: Eine UNESCO-Weltkulturerbe-Stätte liegt hier, dazu noch zwei UNESCO-Weltnaturerbe-Landschaften. Und die Osterprozessionen von Mendrisio als immaterielles Kulturerbe

In Bellinzona beeindrucken die stolzen Burgen Castelgrande, Montebello und Sasso Corbaro. Die antiken Gemäuer gehören zu den bedeutendsten Zeugnissen mittelalterlicher Befestigungsbaukunst im Alpenraum. Im Jahr 2000 wurden die vom Tessiner Architekten Aurelio Galfetti auf geniale Weise renovierte Burg Castelgrande und ihre beiden Schwestern von der UNESCO zum Weltkulturerbe erklärt.

Auf dem Monte San Giorgio wartet ein geheimnisvoller 2003 zum Welterbe erklärter Naturschatz: Man bewundert die marinen Fossilien aus dem Mitteltrias, wandert durch den dichten Wald und sucht die vielen versteckten Höhlen, die sich im Laufe der Jahrmillionen im Innern des Berges gebildet haben.

Die alten Buchenwälder im Valle di Lodano, Seitental des Maggiatals, gehören seit 2021 zum UNESCO-Weltnaturerbe. Das Waldreservat auf einer Höhe ab 700 Metern ist ein außergewöhnliches Beispiel für die Verbreitung von Buchen auf der Alpensüdseite.

2019 hat die UNESCO die historischen Osterprozessionen von Mendrisio auf die Liste des immateriellen Kulturerbes der Menschheit genommen. Festlich geschmückt wird die Altstadt mit den „Trasparenti". Die außergewöhnliche Anfertigungstechnik der Leinwände und die Weitergabe dieses Wissens von Generation zu Generation war ein wesentliches Element des Entscheids. Die „Trasparenti" können ganzjährig besichtigt werden.

Entdecken

Burgen von Bellinzona
Ein fünf Kilometer langer Rundweg bietet eine Möglichkeit, die drei Burgen und die Altstadt zu erkunden. *ticino.ch*

Monte San Giorgio
Ein geologisch-paläontologischer Lehrpfad sowie das Fossilienmuseum in Meride führen dem Besucher die Geheimnisse des Monte San Giorgio vor Augen. *montesangiorgio.org*

Die Buchenwälder im Valle di Lodano
Vier Wanderrouten durch die alten Buchenwälder versprechen rund ums Jahr Abwechslung. *valledilodano.ch*

Ticino Ticket
Freie Fahrt im ganzen Kanton

Alle Gäste, die in Hotels, Jugend-
herbergen und auf Campingplätzen
übernachten, können die öffentlichen
Verkehrsmittel im gesamten Kanton
frei nutzen und erhalten ausserdem
Vergünstigungen bei Bergbahnen,
Schifffahrten im Schweizer Seenbecken

und touristischen Hauptattraktionen
des Tessins. Das Ticino Ticket wird
beim Einchecken in der Unterkunft
ausgestellt und ist bis Mitternacht des
Abreisetages gültig.
Seen, Flüsse und Berge – zum Greifen
nah mit Ticino Ticket!

ticino.ch/ticket

Das Tor ins Tessin

Hat man die Alpen passiert, beginnt der Süden: **Bellinzona** ist so italienisch – und beeindruckt mit Burgen und Tälern

Märchenhaft
Das Castello di Sasso Corbaro thront auf dunklen Felsen

Bellinzona ist die wohl italienischste Stadt der Schweiz. Die „Skyline" der Tessiner Hauptstadt bildet die mächtige Festungsanlage aus drei der besterhaltenen mittelalterlichen Burgen der Schweiz, ein von der UNESCO anerkanntes Welterbe. Das schmucke Städtchen liegt an einer strategischen Talenge am Zugang zu den Alpenpässen Gotthard, San Bernardino und Lukmanier. Die Stadt ist gleichzeitig für den Norden Tor ins Tessin und nach Italien und für den Süden Schlüssel zu den Alpen. Die Winkel und Plätze, die Höfe, das neoklassische Logen-Theater und die einfühlsam restaurierten alten Häuser erzählen den Besuchern die Geschichte einer lombardischen Kulturstadt. In ihren Gassen finden sich reich verzierte Patrizierhäuser und schöne Kirchen. Doch hinter dem herben Charme der mittelalterlichen Stadt verbirgt sich das pulsierende Leben eines modernen Begegnungszentrums. Zahlreiche Boutiquen, Fachgeschäfte mit kulinarischen Spezialitäten und Cafés laden zum Bummeln und Verweilen ein. Jeden Samstag findet im historischen Stadtzentrum ein großer Wochenmarkt statt.

Gotthardpass

König der Alpenpässe
Der Gotthard trennt Nord von Süd, ist Ursprung von Mythen – und Verkehrsgeschichte. Wer ihn überquert, der erlebt, wie Sprache, Kultur, Klima, Flora und Fauna sich verändern. Auf dem 2106 m hohen Pass befindet man sich bereits im Tessin. Tipp: eine Fahrt über die kopfsteingepflasterte Tremola an der Südflanke. *passosangottardo.ch*

Wanderungen in den Tälern von Bellinzona – drei Tipps:

Curzútt und die tibetische Brücke „Carasc"

Die vierstündige Tour beginnt in Monte Carasso und führt vorbei an Weingütern, die zur Degustation des Tessiner Merlot einladen, bis hinauf in das mit dem Wakkerpreis des Schweizer Heimatschutzes ausgezeichnete Dorf Curzútt. Im Ortskern mit typischen Tessiner Steinhäusern lädt ein kleines Gasthaus zur Pause ein. Nur wenige Wanderminuten entfernt befindet sich die kleine Kirche San Barnàrd, in der Fresken aus dem 14. und 15. Jahrhundert zu bestaunen sind. Die Überquerung der 270 Meter langen tibetischen Brücke „Carasc", die über die 100 Meter tiefe Schlucht führt, verspricht einen Adrenalinkick und herrliche Aussichten. 7,91 Kilometer, 4 Stunden, *ticino.ch/hike7*

Auf dem Kulturpfad des Monte Ceneri

Auf der historischen Route waren im Lauf der Jahrhunderte Wanderer, Pilger, Armeen und Händler unterwegs, um die Alpen zu überqueren: Der knapp 18 Kilometer lange Themenweg „Via del Ceneri" führt durch das Gebiet des Monte Ceneri über St. Antonino bis zu den drei mittelalterlichen Burgen von Bellinzona. Informationstafeln geben Auskunft zu Geschichte und Kultur, die Sehenswürdigkeiten auf dem Weg zeugen vom einstigen Leben in der Region. Dazu gehören unter anderem eine restaurierte Mühle, ein Roccolo (gemauerter Turm für die Vogeljagd), ein Radio-Museum, Kirchen und Kapellen sowie die Piazza Ticino mit ihrem symbolischen Totem. Dank der eindrucksvollen Kastanienwälder von Robasacco, die zu den prächtigsten im Tessin zählen, lohnt sich der Weg besonders im Herbst. *ticino.ch/hike9*

La Strada Alta della Leventina - von der Bergwelt in den Süden

Das Herz der Alpen schlägt am Gotthardpass. Wer ihn überwunden hat, gelangt ins Leventinatal, wo einer der berühmtesten Höhenwege der Schweiz zu finden ist: La Strada Alta della Leventina. Die rund 48 Kilometer lange Wanderung beginnt in Airolo auf 1140 Metern am Fuße des Gotthards und führt in drei Tagesetappen auf der sonnigen linken Seite des Tals über den Ritomsee sowie den Passo Forca in Richtung Osco bis nach Biasca. Unterwegs verändert sich die Landschaft, die archaische Bergwelt mit harzduftenden Wäldern geht über in mediterranes Flair mit Föhren-, Birken- und Kastanienbäumen, deren Farben im Herbst um die Wette leuchten. Der Weg führt vorbei an antiken Leventina-Holzhäusern, typischen Tessiner Steingebäuden sowie idyllisch gelegenen Kirchen und Dörfern. Unterwegs findet man kleine, sympathische Hotels zum Übernachten und einfache Restaurants, die ihre Gäste mit einheimischen Gerichten verwöhnen. *ticino.ch/hike102*

Die Toskana der Schweiz

Ein Seelenschmeichler ist das von der Natur reich beschenkte **Mendrisiotto**, die südlichste Ecke der Schweiz

Dichte Kastanien- und Buchenwälder, üppige Rebberge und leuchtend grüne Wiesen: Das Mendrisiotto schmeichelt der Seele, verwöhnt die Augen und spiegelt seine Schönheit im Luganersee. Sanft schickt er weiche Wellen Richtung Ufer, wo einfache Dörfer vor sich hinträumen, unter ihren Arkaden zum Aperitivo laden und auf ihren Fassaden die Reflexe der Sommersonne auf dem smaragdgrünen Wasser tanzen lassen.

Hinter den Dörfern heben und neigen sich die Gebirgskämme und romantischen Hügelzüge, bevor das Mendrisiotto im Monte Generoso und Monte San Giorgio gipfelt. Die beiden Berge geizen nicht mit ihren Reizen und schon gar nicht mit atem-

Hinaus ins Grüne
Wandern zwischen Weinbergen in der Landschaft des Mendrisiotto

Genuss-Tipps

beraubenden Aussichten. Für die wahre Wunderwelt aber sorgt das Wasser. Und zwar so spektakulär, dass die UNESCO den Monte San Giorgio als Welterbe unter ihren Schutz gestellt hat. Zwischen den beiden südlichen Armen des unteren Luganersees ragt der Riese in den siebten Himmel: Seit ein gigantischer Ozean sich zurückgezogen und mit den offen gelegten Gesteinsschichten unzählige Antworten über die Entstehung der Erde hinterlassen hat, sind über 230 Mio. Jahre Geschichte so gut einsehbar wie kaum an einem anderen Ort auf der Welt. Eine Wanderung durch die archaischen Breggia-Schluchten z.B. gleicht einem Ausflug in ein anderes Universum. Mit etwas Glück und Aufmerksamkeit findet man am Wegesrand sogar kleine Fossilien.

Die Natur hat das Mendrisiotto aber nicht nur mit bezaubernden Landschaften gesegnet, sondern auch mit den Ingredienzen für eine abwechslungsreiche Küche. Vom Zincarlin-Käse aus dem Muggiotal über Kastanienspezialitäten bis zu bestem Wein lassen einem die Produkte des südlichsten Tessiner Zipfels das Wasser im Munde zusammenlaufen. Spätestens wenn man sie zusammen mit den Einheimischen unter alten Platanen in einem Grotto genießt, versteht man das Geheimnis um dieses gastfreundliche Grenzland, das Besucher aus der ganzen Welt anzieht – und meistens nie mehr loslässt.

Bottas Steinblume auf dem Monte Generoso
Eine nostalgische Zahnradbahn bringt seit 1890 Gäste von Capolago auf den 1704 Meter hohen Gipfel des Monte Generoso. Oben angekommen steht man direkt vor dem neuen Wahrzeichen, der „Fiore di Pietra" (Steinblume). Die Anlage thront verwegen auf dem mächtigen Felsen direkt über dem Abgrund des Nordhangs. Die Pläne für die „Steinblume" stammen von Stararchitekt Mario Botta. Tipp: der romantische Sunset Apero auf der großen Terrasse. Im Preis von 29 Schweizer Franken sind die Hinfahrt ab Capo Lago (18.35 Uhr) und die Rückfahrt (23 Uhr) sowie eine Risotto-Verkostung und Livemusik enthalten. *montegeneroso.ch*

Conca Bella - das erste Weinhotel im Tessin
Das Conca Bella Boutique Hotel & Wine Experience liegt inmitten der Weinberge im Mendrisiotto und ist seit 37 Jahren im Besitz der Familie Montereale. Hier dreht sich alles um Wein – vom Weinhandel über die Wine Lounge bis zu den frisch renovierten „Wine Mood"- Zimmern. *concabella.ch*

Grottengut!

Von der Cucina povera zum Sterne-Regen, vom kühlen Felsenkeller zum geselligen „Grotto ticinese"-Restaurant: Der Ideenreichtum der **Tessiner Küche** ist traditionell groß

Genuss im Grotto
Das Grotto al Ritrovo ist der wohl bekannteste Geheimtipp im Tessin

Not macht bekanntlich erfinderisch. Dies erklärt den Reichtum der Tessiner Küche, deren Gerichte oft auf den Grundrezepten der Cucina povera, der „armen Küche", basieren. Die traditionelle Esskultur der Tessiner ist insofern zukunftsweisend, als dass sie jetzt schon dort ist, wo alle hinwollen: nahe an den Ursprüngen.

Wer ins Tessin reist, in die reiche Schweiz, kann sich kaum vorstellen, dass die heute so lieblich erscheinenden Täler auf der Alpensüdseite während Jahrhunderten das Armenhaus Europas waren. Bis zur Kantonsgründung im Jahre 1803 war das Tessin ein eidgenössisches Un-

tertanengebiet, wo nebst den Vögten Not und Armut herrschten. Lange bestanden die kargen Mahlzeiten der Bauern aus „Polenta und Milch, Kartoffeln und Käse, Focaccia [Brot aus Kastanienmehl], das war's", schreibt der 1979 verstorbene Schriftsteller Plinio Martini in seinem autobiografisch gefärbten Roman „Nicht Anfang und nicht Ende", dessen Handlung im Maggia-Tal der 1920er-Jahre spielt.

Je früher damals die Sonne hinter den Bergen verschwand, desto eintöniger wurden die Gerichte: „Im Herbst gab es Kastanien, die aßen wir drei Monate lang, früh, mittags und abends", erinnert sich Martinis

Unterwegs

„Ticino Ticket"
Mit dem „Ticino Ticket" können Touristen im gesamten Tessin den öffentlichen Verkehr während ihres Aufenthalts frei nutzen. Bereits ab einer Übernachtung erhalten sie diese kostenfreie Gästekarte bei Anreise in ihrer Unterkunft. Inklusive sind Vergünstigungen auf die Eintritte zu Freizeiteinrichtungen, kulturellen Attraktionen sowie den Bergbahnen und Schifffahrtsgesellschaften. *ticino.ch/ticket*

Ich-Erzähler. Dass Schmalhans auch in anderen Kantonsteilen Küchenmeister war, zeigt sich beispielsweise auch anhand der berühmten Tessiner Minestrone, der Suppe, die ursprünglich nichts anderes als eine Verwertung von Gemüseresten darstellte. Doch damit war der Erfindungsgeist noch lange nicht erschöpft. Um Würste, Wein und Käse auch in der Sommerhitze frisch halten zu können, erfanden die Tessiner Kühlschränke, die ohne Strom funktionieren. In den Grotti, den Felsenkellern, bleibt die Temperatur das ganze Jahr über konstant kühl. In Mendrisio beispielsweise reift dort heute noch der Zincarlin-Käse heran. Daneben dienen viele Grotti mittlerweile als Restaurants im Grünen, wo auf Granittischen im Freien einheimische Spezialitäten aufgetischt werden. Der deutsche Gastropapst Wolfram Siebeck war davon derart begeistert, dass er kurz entschlossen den Begriff „grottengut" erfand.

Das kulinarische Erbe wird nicht nur in den Grotti hochgehalten. Viele sternengekrönte Küchenchefs warten mit modernen, kreativen Interpretationen der Cucina povera auf und verbinden diese auf raffinierte Art und Weise mit der mediterranen italienischen Küche. Längst ist es allerdings nicht mehr die Not, die erfinderisch macht, sondern die Lust, der eigenen Fantasie freien Lauf zu lassen.

Kulinarik

Abendliche Grotti-Rundfahrt auf dem Luganersee
Die Schifffahrtsgesellschaft des Luganersees bietet den Sommer über eine abendliche Grotti-Rundfahrt an. Wenn am Abend die Lichter über dem See aufleuchten, ist die Stimmung einfach zauberhaft! *lakelugano.ch*

Sterne-Regen in Lugano
Lugano gilt als neuer Geheimtipp für Gourmets, sorgte die größte Stadt im Tessin doch 2021 mit gleich drei neuen Restaurants in der Ein-Stern-Kategorie für Furore: I Due Sud (Hotel Splendide Royal), Principe Leopoldo (Hotel Villa Principe Leopoldo) und Ristorante Meta. *ticino.ch/sterne*

Food & Wine Tour – in Lugano, Locarno oder Bellinzona
Geführt von einem Guide geht es während des dreieinhalbstündigen Rundgangs jeweils durch das historische Stadtzentrum von Lugano, Locarno oder Bellinzona. Unterwegs wird in charakteristischen Restaurants und Bars Halt gemacht, um typische Tessiner Spezialitäten zu verkosten. *ticino.ch/foodwinetour*

Sterneküche
Das Restaurant Principe Leopoldo trägt einen Michelin-Stern

Herausgeber: Motor Presse Stuttgart GmbH & Co. KG
Leuschnerstraße 1, 70174 Stuttgart
© 2022 Motor Presse Stuttgart GmbH & Co. KG, Stuttgart

Publisher: Barbara Groscurth
Redaktion und Grafik: Relevance GmbH, 20459 Hamburg.
Dieses Gratis-Extra entstand in Zusammenarbeit mit Schweiz Tourismus und ist in der Ausgabe ADAC Reisemagazin 189 als Beilage erschienen. ADAC Reisemagazin Markenlizenz der ADAC Medien und Reise GmbH, München.

Fotos:
Deckblatt: swiss-image.ch/Jan Geerk
S.2/3: Alessio Pizzicannella, parisiva.ch, Nicola Demaldi, Luca Crivelli, Milo Zanecchia (2), Karte: Rainer Lesniewski/istockphoto
S.4/5: Nicola Fuerer, swiss-image.ch/Ivo Scholz, Festival del film Locarno
S.6/7: Enrico Boggia (2), Luca Crivelli
S.8: Luca Crivelli, Jacques Perler
S.10/11: Silvano Crivelli, Remy Steinegger, Ticino Turismo, Chris Burkard
S.12/13: Christof Sonderegger, Valentina Lokumcu, Ticino Turismo
S.14/15: Giglio Pasqua, Remy Steinegger

Wir brauchen Sommer, Sonne und Aussichten.

Schweiz.

Ascona, Regen Piazza Giuseppe Motta © Nicola Fuerer

Wir brauchen Schweiz.

TESSIN
Kleine Momente
Grande Emozion

Inhalt #189

Een Kopke Tee Hier wird so viel Tee wie nirgendwo sonst getrunken. Was hinter der ostfriesischen Teezeremonie steckt **Seite 58**

14
Gott schuf das Meer, der Friese die Küste

22
Interview mit dem wohl berühmtesten Ostfriesen

28
Sonne, Wind, Rad: 300 Kilometer Deich

42
Von Insulanern und Inseln

60
Der Krimi-Star aus Norden

TITELTHEMA: SÜDLICHE NORDSEE

FOTOS: GREGOR LENGLER (4), TINA TERRAS & MICHAEL WALTER/ GETTY IMAGES, DIDDO RAMM, MARKT GARMISCH-PARTENKIRCHEN/

AF176974

Liebe Leserinnen und Leser,

jeder kennt den Satz: wie das Land, so das … Wenn ich an die südliche Nordsee denke, dann erinnere ich mich an meine Heimat. Hier wurde ich geboren, in Ostfriesland. Hier gibt es den riesigen Horizont mit einer schier endlosen Weite. Wenn ich an meine Heimat denke, dann rieche ich das Meer, sehe einen blauen Himmel mit großen weißen Wolken und abends traumhafte Sonnenuntergänge über dem Meer. Im Watt fühle ich barfuß die Natur, höre die Möwen und das Rauschen der See. Nein, sie flieht nicht vor mir, für den Rückzug des Wassers sorgt der Mann im Mond, er ist Herr über Ebbe und Flut. Alles ist in Bewegung und verändert sich ständig – Licht, Schlick und Wasser. Aber etwas bleibt immer gleich: die Liebe zur Natur, das trockene „Moin" und die Gemütlichkeit der Leute.

In dieser Ausgabe geht es vom Dollart bis zur Elbmündung, auf die Inseln und ins Watt: an die **südliche Nordseeküste**. Der Chefredakteur des „Ostfriesland Magazins", Holger Bloem, gerät über seine Heimat aus der Vogelperspektive ins Schwärmen (ab Seite 14). Der berühmteste aller Ostfriesen, **Otto Waalkes**, erzählt von seinen Lieblingsplätzen in Emden, von den Besonderheiten der Menschen an der Küste und von seiner Liebe zur Familie (ab Seite 22). Unsere Autorin Kirsten Rick war 300 Kilometer weit **mit dem Rad unterwegs am Deich**, hat sich bisweilen durch Regen und Sturm gekämpft und sich zur Belohnung für das nicht ganz so angenehme Wetter von Einwohnern die ostfriesische Kultur zeigen und erklären lassen (ab Seite 28) – inklusive Teezeremonie, bestem Krintstuut und faszinierender Weitsicht. Vom Festland geht es zu den glorreichen Sieben: Mit liebevollem Blick widmet sich Buchautorin Sylvie Gühmann den Besonderheiten der **Ostfriesischen Inseln** (ab Seite 42) und Musiker Claas Vogt (vom berühmten Musikerduo Klaus & Klaus) seiner ewigen Urlaubsliebe **Helgoland** (ab Seite 52). Natürlich kann es kein Heft über die niedersächsische Küste geben ohne den berühmten **Ostfriesentee** (ab Seite 58), die durch das Wattenmeer so einzigartigen Krabben, fangfrischen Fisch und duftende Heimatspezialitäten. Zum Abschluss treffen wir den Erfinder des „mörderischen Ostfrieslands", den sehr erfolgreichen **Krimiautoren Klaus-Peter Wolf** (ab Seite 60).

Nach so viel Wasser und Flachland machen wir uns auf in die **Zugspitz-Region** (ab Seite 74), zeigen die neuen **Wandertrends** für entspannte Genießer (ab Seite 88), schauen in die Töpfe des Kochs **Ronny Kallmeyer** in Wernigerode im Harz (ab Seite 68), tauchen ein in die Kneipen- und Lebenskultur von **Dublin** (ab Seite 102) und nehmen Sie mit auf eine Tour durch die Wüste im **Oman** (ab Seite 116). Außerdem im Heft: ein Ratgeber, der zeigt, welche Reiseversicherungen (Seite 115) wirklich wichtig sind.

Nun freuen wir uns, Ihnen Ihr **neues ADAC Reisemagazin** vorstellen zu dürfen.

Diddo Ramm

Ihr Diddo Ramm
Chefredakteur „ADAC Reisemagazin"

Wir freuen uns über Ihr Feedback! Was hat Ihnen gefallen, was nicht? Schreiben Sie mir und meinen Kollegen unter:
leserbriefe@reise-magazin.com

TITEL: DAR1930/ISTOCKPHOTO; FOTO DIESE SEITE: PRIVAT

Juli/August 2022

74
Servus
Zugspitz-Region

88
Spezial: Wandertrends
für jeden Geschmack

102
Irischer Sommer,
entspannt in Dublin

116
Oman: auf einen
Tee in die Wüste

WEITERE THEMEN

MARC HOHENLEITNER, LÜNEBURGER HEIDE GMBH,
MAURIZIO RELLINI/AWL IMAGES, DIETMAR DENGER

📍

Procida
Golf von Neapel, Italien

Isola Kunterbunt

Die farbenfroh am Hang gestapelten
Häuser von Corricella auf Procida
wirken wie ein fantasievolles Bild von
Hundertwasser. Die kleine Insel im
Golf von Neapel ist – zumindest bei
ausländischen Reisenden – deutlich
weniger bekannt als seine prominen-
ten Nachbarn Ischia und Capri; aber
nicht minder malerisch. In diesem
Jahr trägt Procida als erste Insel den
Titel „Italienische Kulturhauptstadt".
Bekannt ist das vulkanische Eiland
für seine lange Seefahrertradition,
für seine üppigen Zitronen und,
Stichwort Kultur, aus dem Oscar-
prämierten Film „Der Postmann",
der auf Procida gedreht wurde.

Infos: *visitprocida.com/en*
procida2022.com

Auftakt

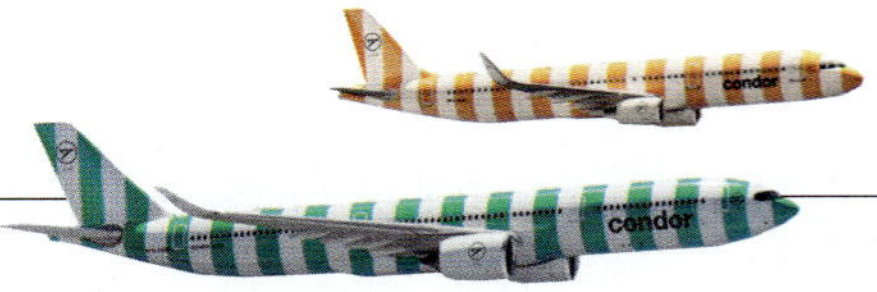

Condor fliegt im Streifen-Look
Die Flugzeuge des Ferienfliegers heben neuerdings geringelt ab: Gelb, Rot, Blau, Grün und Beige – die Streifen des Sommers, der Freude und der Freiheit

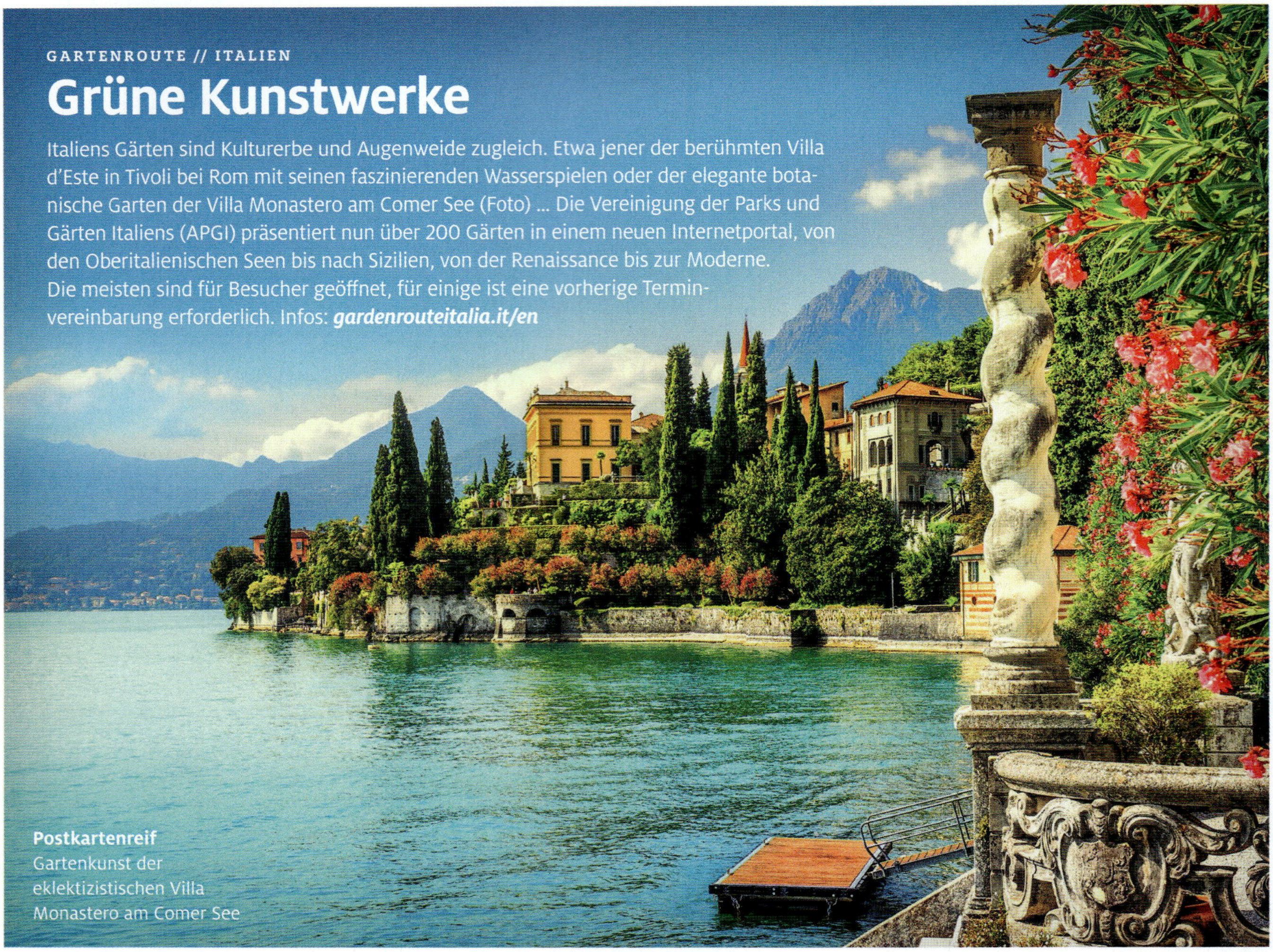

GARTENROUTE // ITALIEN

Grüne Kunstwerke

Italiens Gärten sind Kulturerbe und Augenweide zugleich. Etwa jener der berühmten Villa d'Este in Tivoli bei Rom mit seinen faszinierenden Wasserspielen oder der elegante botanische Garten der Villa Monastero am Comer See (Foto) … Die Vereinigung der Parks und Gärten Italiens (APGI) präsentiert nun über 200 Gärten in einem neuen Internetportal, von den Oberitalienischen Seen bis nach Sizilien, von der Renaissance bis zur Moderne. Die meisten sind für Besucher geöffnet, für einige ist eine vorherige Terminvereinbarung erforderlich. Infos: ***gardenrouteitalia.it/en***

Postkartenreif
Gartenkunst der eklektizistischen Villa Monastero am Comer See

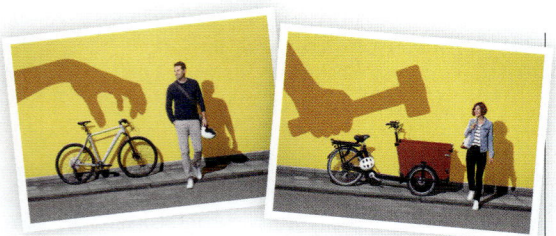

ADAC // FAHRRAD-VERSICHERUNG

Sorgenfrei radeln

Mit der neuen ADAC Fahrrad-Versicherung gibt es jetzt den passenden Versicherungsschutz für Fahrräder und E-Bikes. Der Schutz gilt bei Diebstahl und Beschädigung, z. B. durch Unfall, Vandalismus oder Verschleiß, und umfasst u. a. auch das Gepäck. ADAC Mitglieder erhalten 10 % Rabatt. ***adac.de/fahrrad-versicherung***

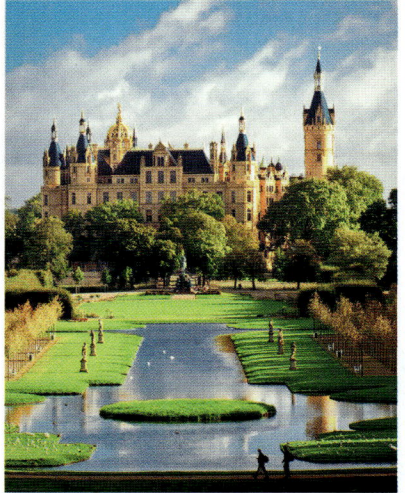

SERIE // BURGEN & SCHLÖSSER

Schloss Schwerin

Die Geschichte der Residenz reicht weit zurück bis in das 10. Jahrhundert, als die in Mecklenburg herrschenden elbslawischen Obotriten, die Stammväter der mecklenburgischen Fürsten, eine befestigte Burg auf der kleinen Insel im Schweriner See errichteten. Heute gilt das Schweriner Schloss als eines der bedeutendsten Beispiele des romantischen Historismus in Europa, dient als Museumsschloss und beheimatet seit 1990 das Parlament des Landes Mecklenburg-Vorpommern. Besichtigen lassen sich u. a. der prachtvolle Thronsaal, kunstvolle Intarsienfußböden sowie der idyllische Schlossgarten. ***mv-schloesser.de/de***

FOTOS: CONDOR (2), PROJECTPHOTO/IMAGO IMAGES, SEBASTIAN STIPHOUT/ADAC E.V. (2), BLAINE HARRINGTON/IMAGO IMAGES

800 Jahre Marburg
Die hessische Universitätsstadt begeht ihr Jubiläum mit 200 Veranstaltungen – zu Kunst, Geschichte und Zukunft. *marburg800.de*

Kultur

NÜRNBERG // BARDENTREFFEN
Vielfalt der Stimmen

Weltmusik am Fuße der legendären mittelalterlichen Burg: Nach zweijähriger Corona-Pause verwandelt das Bardentreffen die Nürnberger Altstadt wieder in eine sommerliche Open-Air-Zone. Unter dem diesjährigen Motto „Starke Stimmen" gibt es am letzten Juli-Wochenende Gratis-Konzerte u. a. vom portugiesischen Frauenchor Sopa de Pedra und einem Vokal-Salsa-Ensemble aus Kuba (29.–31.7.). *bardentreffen.nuernberg.de*

ESCH // KULTURHAUPTSTADT
„Heavy Metal"-Festival

Esch, die zweitgrößte Stadt Luxemburgs, hat eine bewegte industrielle Vergangenheit. So bilden stillgelegte Hochöfen und Stahlwerke die Kulissen für die unterschiedlichsten Kunstaktionen im Programm der „Europäischen Kulturhauptstadt 2022". Die Ausstellung „Metalworks" in der Kunsthalle Konschthal zeigt, wie die Technik der Metallverbreitung von Künstlerinnen und Künstlern aus ganz Europa kreativ genutzt worden ist. Zu sehen sind 30 Objekte und Skulpturen u. a. von Sigve Knutson (Foto), Ron Arad, Konstantin Grcic oder Max Lamb (bis 4. September). *esch2022.lu* & *konschthal.lu*

FRIEDRICHSHAFEN // SCHAU
Liebeserklärungen an den Bodensee

Der Bodensee als Inspirationsquelle: Die Ausstellung „Beziehungsstatus: offen" im Zeppelin-Museum in Friedrichshafen erinnert an Maler wie Max Ackermann (Foto, 1935) und Autorinnen wie Annette von Droste-Hülshoff. Sie entspannten oder arbeiteten am Bodensee-Ufer und gaben dem See einen festen Platz in ihren Werken (bis 6. Nov.). *zeppelin-museum.de*

OBERAMMERGAU // PASSIONSSPIELE
Der Kreuzweg in den Alpen

Die letzten Tage im Leben von Jesus, in Szene gesetzt vor einer mächtigen Bergkulisse: Alle zehn Jahre verwandeln die Passionsspiele die Gemeinde Oberammergau in einen besonderen Wallfahrts- und Kulturort (ursprünglich für 2020 geplant). Bei der mehr als fünfeinhalbstündigen Aufführung stehen rund 400 Laiendarsteller aus Oberammergau auf der Freilichtbühne. Im Passionstheater haben 4400 Zuschauer Platz. 103 Vorstellungen bis zum 2. Oktober. *passionsspiele-oberammergau.de*

LONDON // FILMSTUDIO
Zauberhafte Flora

Auf die Fans von Harry Potter warten bei der Warner Bros. Studio Tour in London neue Attraktionen: Die Kulissenwelt aus den Fantasy-Filmen wurde u. a. um das berühmte Gewächshaus von Professor Sprout erweitert. Hier können sich die Besucher nun interaktiv am Wachsen wundersamer Pflanzen beteiligen. *wbstudiotour.co.uk*

Wo die Seen die Berge spiegeln

Wer ans Wasser will, ist im Trentino richtig: In rund 300 Seen spiegeln sich Berge und Himmel. Hier sind unsere vier Lieblinge – Seen, die Sie sehen sollten!

Malerische Bergseen schmiegen sich wie Wassertropfen in kleine Täler. Weite Wasserflächen laden zu einer Bootstour ein. Und manch ein See ist eine Entdeckung am Ziel einer Wanderung. Die zauberhaften Gewässer schimmern in Nuancen von Türkis bis Smaragdgrün, werden von malerischen Wegen umrundet und bergen Geheimnisse.

Lago di Molveno
im Naturpark Adamello Brenta

Am Fuße der Brenta-Dolomiten liegt der Lago di Molveno, in dessen Wasser sich die schneebedeckten Spitzen der Dolomitengruppe spiegeln. Der gesamte See kann zu Fuß oder mit dem Mountainbike umrundet werden, um ihn aus verschiedenen Perspektiven zu bewundern. An einem Tag können Sie mit dem Mountainbike auf dem über 400 km langen Routennetz mit bis zu drei Bike-Parks die Dolomiten erkunden, an einem anderen können Sie die Bergschuhe anziehen und eine Höhenwanderung machen oder mit dem Gleitschirm in die Lüfte abheben, um den See wie der Adler aus der Höhe zu sehen. „Ein edler Stein in noch edlerer Schatulle", schwärmte der italienische Schriftsteller Antonio Fogazzaro. Und der Touring Club Italiano verlieh dem Lago di Molveno die Auszeichnung „schönster See Italiens".

Übernachten
• Camping Spiaggia Lago di Molveno
Campingplatz direkt am See. Wer ohne Wohnmobil oder Zelt kommt, bucht einen der 24 Bungalows. *campingmolveno.it/de*

**Der Lago di Molveno
am Fuße der
Brenta-Dolomiten**

Lago di Tovel
im Naturpark Adamello Brenta

Lago Rosso, „Roter See", so wird der Lago di Tovel heute noch genannt, auch wenn sich das mysteriöse Gewässer seit einigen Jahrzehnten nicht mehr rot zeigt. Bis Mitte der Sechziger Jahre tauchte während der Sommermonate eine spezielle Algenart an der Oberfläche auf und färbte den See knallrot. Einen Besuch ist der legendäre See – ein naturkundliches Juwel – allemal wert. Sein erstaunlich klares Wasser kann unbeschreibliche Blau- und Grünfärbungen annehmen. Der Spaziergang rund um den See dauert etwa eineinhalb Stunden, wer die Einzigartigkeit des Ortes festhalten möchte, sollte einen Fotoapparat mitnehmen. Die Tier- und Pflanzenwelt zeigt sich besonders reichhaltig. Sogar Braunbären leben in der Gegend.

Übernachten
• **Chalet Tovel** Gemütliches Chalet mit dem Charme einer Berghütte, nur ein paar Minuten zu Fuß vom Lago di Tovel entfernt. *chaletovel.it*

Lago di Lavarone
in Alpe Cimbra

Eine Legende besagt, dass früher ein dichter Wald dort stand, wo heute der See liegt. Der Wald gehörte zwei Brüdern, die sich eines Tages heftig stritten. Darüber erzürnt versenkte Gott den Wald im Wasser. Auf dem gerade mal 17 Meter tiefen Grund des Lavarone-Sees befinden sich noch immer die fossilen Überreste eines antiken Tannenwaldes. Sigmund Freud liebte es, am Ufer dieses kleinen Sees karstigen Ursprungs, einem der ältesten des Trentino, zu meditieren. Die Natur und die Landschaft rundherum vermit-

Erfrischendes Vergnügen

Von Angeln bis Paddeln
Hinein ins kühle Nass: Baden in den Seen des Trentino ist ein Vergnügen! Schöne Strände gibt es viele, der Lido Bertoldi und der Lido Marzari am Lago di Lavarone sind preisgekrönt. Mit dem Kanu, einem Tretboot oder einem SUP-Board können Sie auch verborgene Stellen des Lago di Ledro und des Molvenosees erkunden. Vor 11 und nach 17 Uhr ist die Wasseroberfläche des Lago di Ledro ganz still und glatt. Da ist es eine Freude, von Pieve nach Molina (oder umgekehrt) zu paddeln. Auch sehen die Pfahlbauten vom See ganz anders aus. Darf es noch mehr Ruhe sein? Die findet man beim Angeln am Lago di Tovel.

Der Lago di Tovel, eine geheimnisvolle Naturschönheit

Der Lago di Ledro, von Bergen umrahmt

Der Lago di Lavarone lädt zum Baden ein

Pfahlbauten am Lago di Ledro

teln Ruhe und Gelassenheit. Die Wasserqualität ist hervorragend (Blaue Flagge 2021), es gibt zwei Strände mit Badegelegenheit.

Übernachten
• **Malga Millegrobbe Nordic Resort and Wellness** Almhüttenatmosphäre mit höchstem Komfort. *malgamillegrobbe.it*

Lago di Ledro
im UNESCO-Biosphärengebiet Alpi Ledrensi und Judicaria

Ein klarer See, eingerahmt von einer verzaubert wirkenden Landschaft: Der schmale, längliche Lago di Ledro gehört zu den schönsten und saubersten Seen des Trentino. Er ist eine Oase der Natur, ideal für Sport und Entspannung. Das herrlich klare, türkisfarbene Wasser, das an warmen Sommertagen durchaus eine Temperatur von 24 °C erreichen kann, lädt zum Baden ein. Auch Kanufahren, Surfen, Segeln, Schwimmen und Angeln sind möglich. Berühmt wurde

Wo Wasser zu Energie wird

Ein Besuch im Wasserkraftwerk Santa Massenza

In diesen Bergen wartet hinter jeder Ecke eine Überraschung. „Es ist schön, das Staunen in den Gesichtern der Besucher zu sehen. Von außen gewinnt man keinen Eindruck von den Ausmaßen des Kraftwerks und man vergisst, sich mitten im Berg zu befinden. Nach Betreten des Baus legen die Besucher zunächst den Weg durch einen 400 Meter langen Stollen zurück, der kurvig ist und damit verbirgt, wohin er führt: nämlich zu einem mächtigen Portal. Dort ruft die nackte Gesteinswand den Besuchern wieder in Erinnerung, wo sie sich befinden: Erhabenheit durchströmt sie, alles rundherum ist riesenhaft", sagt Matteo Rapanà, Guide von Hydrotour Dolomiti, das Touren zur Technikgeschichte anbietet.

der Lago di Ledro 1929: Während der Konstruktion des Wasserkraftwerks von Riva del Garda wurde der Wasserspiegel deutlich abgesenkt, dabei kam am Ostufer ein ausgedehnter Bereich mit Pfahlbauten aus der Bronzezeit zum Vorschein. Die 4000 Jahre alte Siedlung aus der Jungsteinzeit ist seit 2011 Weltkulturerbe der UNESCO.

Übernachten
• **Bosc del Meneghì** Moderner Bio-Bauernhof in einzigartiger Lage. Sechs Zimmer mit Blick auf Weinberg oder Wald. Im vegetarischen Restaurant werden Gerichte mit Wildkräutern und Blumen serviert. *boscdelmeneghi.com/de*

Traumurlaub Mehr frische Sommererlebnisse im Trentino auf *visittrentino.info*

Die raue

Schönheit

Unser Autor Holger Bloem, selbst ein Kind der Küste, geht am liebsten in die
Luft, wenn er seine Heimatregion erkundet. Ein Flug liefert ungewöhnliche
Perspektiven – und auch Erkenntnisse über die ostfriesische Mentalität

Text Holger Bloem

Musik am Meer
Möwenschreie im
Wind: der Sound
der Nordsee

Die Milch macht's
Erfrischende Pause:
Quarkspeise im Melkhus
Stadland (Jadebusen)

Schiffe ahoi
Freilichtmuseum:
der Marinehafen in
Wilhelmshafen

Reine Luft
Auf der autofreien Insel
Spiekeroog fährt die
Pferde-Museumsbahn

Signalfarbe Rot
Lange Anna: das felsige Wahrzeichen von Helgoland

Eine gewaltige Landschaft tut sich plötzlich auf: ursprünglich und wild, vor allem aber unglaublich schön. Zerklüftetes Land. Rauschendes Meer. Alles ist in Bewegung. Graubraune Steppe, gelbe Wüste, schwarzblaues Wasser. Wer die südliche Nordsee an Niedersachsens Küste zwischen Emden im Westen und Cuxhaven im Osten – gerahmt von den Flüssen Ems und Elbe – aus ungewöhnlicher Perspektive entdecken will, kann das am besten von oben. Am äußersten Rand im Nordwesten Deutschlands braust die See in seiner Urgewalt. Der Pilot dreht die einmotorige Cessna in den Wind. Sie steht fast waagerecht in der Luft, bewegt sich – so scheint es – eher seitwärts als vorwärts. Wie der Wind gleitet das kleine Flugzeug über die Wogen des Meeres.

Vogelgleich schwebe ich eine knappe Stunde über sieben bewohnte Inseln von West nach Ost. Borkum, Juist, Norderney, Baltrum, Langeoog, Spiekeroog und Wangerooge liegen wie dahingetupft vor dem Küstenstreifen. Die Wirklichkeit verflüchtigt sich. Im Fenster erscheint eine weite raue Schönheit. Mal ist es trocken und mal ist es nass, und eintönig ist es nur auf den ersten flüchtigen Blick. Das Wattenmeer, das sich auf einer Breite von fünf bis sieben Kilometern zwischen Küste und Inseln erstreckt, zählt zum UNESCO-Weltnaturerbe. Es ist ein amphibisches Reich, das geprägt ist vom Wechsel der Gezeiten, die im gleichmäßigen Rhythmus kommen und gehen. Wenn die Priele bei Flut mit Wasser volllaufen und wie blaue Äderchen unter blasser Haut schimmern, ist das ein beeindruckendes Naturereignis. Zu sehen bekommen das sonst nur die Möwen. Den extremen Bedingungen dieses Lebensraumes hat sich eine einzigartige Tier- und Pflanzenwelt angepasst, die in den als Nationalpark ausgewiesenen Flächen unter besonderem Schutz steht.

Ein Leben mit den Naturgewalten
„Deus mare, Friso litera fecit" – Gott schuf das Meer, der Friese die Küste. Eine gigantische Deichlinie schützt gegen Sturmfluten. Wer an der Nordsee dabei nicht mitmachen wollte, für den galt der alte Väter Spruch: „De nich will dieken, de mutt wieken!" (Wer nicht deichen

will, muss weichen.) Der Kampf gegen das Meer hat die Menschen in dieser Region geprägt, seit Jahrhunderten stemmen sie sich den Sturmfluten, dem „Blanken Hans", entgegen. Davon zeugen noch heute die drei großen Meeresbuchten: der Dollart an der Grenze zwischen Ostfriesland und den Niederlanden, die Leybucht in der Nähe des beschaulichen Fischerörtchens Greetsiel sowie der Jadebusen. Er ist die größte Meeresbucht Deutschlands, der die ostfriesische Halbinsel mit dem Wangerland und der Marinestadt Wilhelmshaven von Butjadingen in der Wesermarsch trennt. Eine Reihe von verheerenden Sturmfluten rissen sie

Gott schuf das Meer, der Friese die Küste. Eine gigantische Deichlinie schützt gegen Sturmfluten

Zum Küssen Ottifanten in Emden

im Mittelalter tief ins Land. Schutz boten dann nur die wuchtigen Kirchen aus Granit und Tuffstein. Sie standen auf den von Menschenhand künstlich angelegten Erhöhungen: den Warfen oder auch Wurten. Sie gaben beispielsweise dem Land Wursten im Elbe-Weser-Dreieck zwischen Bremerhaven und Cuxhaven seinen Namen. Er leitet sich von dem niederdeutschen Begriff Wurtsassen oder Wursaten ab: „Wurten-Bewohner". Aus dem Jahre 47 nach Christus ist eine erste schriftliche Erwähnung des Landstrichs überliefert, als mit der Streitmacht des römischen Kaisers Claudius der Chronist Plinius der Ältere an die Nordseeküste kam. In seiner „Naturalis historia" schrieb er über das harte Leben auf Erdhügeln und darüber, wie das Meer zweimal am Tag alles umliegende Land überschwemmt. Mit immer höheren und breiteren Deichen eroberten sich die Menschen das Land zurück – eine mühsame, langwierige Aufgabe.

„De eerste haalt sük de Dood, de tweede hett sien Nood, de daarde hett sien Brood" (Der Erste holt sich den Tod, der Zweite hat seine Not, der Dritte hat sein Brot.) Noch so ein typisch niederdeutscher Spruch. Er macht deutlich, in welchem Maß Elend und Not bei der Besiedelung der Moore herrschten. Es ist wohl auch die unverwechselbare Sprache der Einheimischen, die morgens, mittags oder abends mit knappen „Moin" grüßen, die ihnen den Ruf einbrachte, sie seien wortkarg.

Die ursprüngliche friesische Sprache ist heute nahezu ausgestorben. Es gibt drei wesentliche Dialekte: Westfriesisch ist in der niederländischen Provinz Friesland angesiedelt und wird noch von schätzungsweise 400.000 Menschen gesprochen. In Ostfriesland wurde das Friesische zwischen 1200 und 1650 durch das Mittelniederdeutsche ersetzt, lediglich im oldenburgischen Saterland wird das Oast-Fries (saterfriesisch: Aost-Fraisk) von einer Minderheit am Leben gehalten. Nordfriesisch ist an der schleswig-holsteinischen Nordwestküste und auf Helgoland verbreitet.

Große Teile des Küstenstreifens waren in früheren Zeiten mit unzugänglichen Mooren bedeckt. Ihre Kultivierung begann Mitte des 18. Jahrhunderts. Eine harte Arbeit, die mit entbehrungsreichem Leben verbunden war. Es dauerte Generationen, bis die Bedingungen im Moor erträglich wurden. Deutschlands größter Hochmoorsee, das Ewige Meer – Binnengewässer werden hierzulande Meere genannt, die Meere heißen See –, zeugt noch heute davon. Das schwimmende Moor von Sehestedt am östlichen Ufer des Jadebusens ist das weltweit einzige Moor im Meer.

Häuptlinge und arme Bauern

Der Not der Bevölkerung steht der Wohlstand der Herrschenden gegenüber. So übernahmen reiche Bauern, sogenannte Häuptlinge, Mitte des 14. Jahrhunderts das Zepter im östlichen Friesland. Sie bauten impo-

Das Ewige Meer! Binnengewässer werden hierzulande Meere genannt, die Meere heißen See

sante Steinhäuser, während ihre Untertanen gemeinsam mit ihrem Vieh unter einem Dach in einfachen Lehmhütten hausten. Von den einst zahlreichen Burgen sind insbesondere im westlichen Ostfriesland noch mehrere erhalten geblieben. Die Häuptlinge strebten nach Macht und Besitz. Und sie machten gemeinsame Sache mit den Liekedeelern. Sie boten den Piraten, die auf den Handelswegen von Nord- und Ostsee

kaperten, Unterschlupf und nahmen ihnen die geraubten Sachen ab, um sie mit Gewinn zu verkaufen. Das brachte Geld in die Kriegskassen. Die mächtige Hanse versuchte alles, um dem ein Ende zu setzen. Einer der Seeräuber wurde posthum zum Helden. Sein Name: Klaus Störtebeker.

Holger Bloem
lebt in Norden. Der Autor und Journalist gilt als ausgewiesener Kenner der Region Ostfriesland

Ostfriesland Magazin
Das Regional-Magazin besteht seit 30 Jahren und berichtet jeden Monat über Menschen und Land, Kultur und Sport. Chefredakteur ist Holger Bloem. Weitere Infos: *ostfriesland-magazin.de*

FOTOS: TINA TERRAS & MICHAEL WALTER/GETTY IMAGES, AE-PHOTOS/ISTOCKPHOTO, GREGOR LENGLER (2), KONRAD WOTHE/ LOOKPHOTOS, WOLFGANG DIEDERICH/IMAGO IMAGES, STEFAN ZIESE/IMAGO IMAGES, PRIVAT; ILLUSTRATION DENNIS LEWCZENKO

HELGOLAND

Nordsee

OSTFRIESISCHE INSELN

Cuxhaven

Elbe

Norden

Wilhelmshaven

Aurich

Emden

NIEDERLANDE

Watterklärer
Joke Pouliart

Der zertifizierte Wattführer ist gebürtiger Düsseldorfer, halber Belgier und längst ganzer Ostfriese. 2016 eröffnete er das Wattwanderzentrum Ostfriesland. Wenn er übers Watt spricht, gerät er ins Schwärmen, nicht ausschweifend, sondern präzise, einfach nach Ostfriesenart. „Draußen zu stehen, den Wind zu spüren auf der Haut, die Wärme der Sonne, die Vögel im Hintergrund, das Knistern im Watt – wenn man das fühlt, braucht es keine Wissensvermittlung mehr, dann erzählt das Watt ganz von allein." Spannend ist es aber dennoch: Bis zu 100.000 Pflanzen und Tiere leben in einem Quadratmeter Schlick. „Unser Fußabdruck im Watt wird nach der nächsten Tide verschwunden sein. Und genau das ist unsere Prämisse: dass wir uns immer so verhalten, dass die Natur keinen Schaden nimmt!" Man muss diese Landschaft fühlen – allerdings nicht barfuß. Dafür sind alte, gut geschnürte Sportschuhe besser geeignet, denn die Muscheln im Sand sind scharf. Und nicht allein losziehen, sondern lieber mit Joke, der das Wattenmeer so gut kennt wie die Strandschnecke ihr Häuschen. Denn das Watt ist zwar wunderschön, aber nicht ohne Risiken.

Wattwanderungen und Informationen rund ums Wattenmeer: *wattwanderzentrum-ostfriesland.de*

Kurhaus
Dangast

FOTOS: DIDDO RAMM, GREGOR LENGLER

DANGAST

Kunst und Kuchen
Maren Tapken

Der Rhabarberkuchen, den Maren Tapken zum Gespräch serviert, ist noch ofenwarm. Herrlich saftig und süß-säuerlich, mit einer zarten Baiserschicht. Wir sitzen im Kurhaus in Dangast. Das ist eine Institution, eine Legende und seit 1884 in den Händen von Familie Tapken, mittlerweile in fünfter Generation. „Die Tradition soll bestehen bleiben", sagt Maren Tapken. „Mit viel Kunst, offenem Blick und mit offenem Herzen" führt sie das Haus. Kulturpädagogik mit Schwerpunkt Kunst hat sie studiert, dann eine Hotelfach-Ausbildung hinterhergeschoben – und ist in ihre Heimat zurückgekehrt. Nach Dangast, diesen einzigartigen Künstlerort am Jadebusen. „Wichtige Strömungen der Kunstgeschichte wurden hier geprägt: Der Expressionismus durch die Brücke-Künstler. In den 1970ern die Freie Akademie der Beuys-Schüler. Und dazwischen Franz Radziwill." Das Kurhaus mittendrin als Dreh- und Angelpunkt. Es liegt auf einem Geestkliff, der Strand vor der steilen Kante gehört auch dazu, ist mit Kunstwerken gespickt und für alle offen. „Durch das Zusammenspiel von Licht, Wasser und Wetter gibt es immer wieder neue Sichtweisen auf die Natur", sagt Tapken, die gerade daran arbeitet, neue Kunstwerke herzuholen. Musik spielt im Kurhaus auch eine Rolle, von den Beat-Abenden in den 1950ern über Punk-Konzerte bis zum „Watt en Schlick Fest" (29.–31.7.2022). Das Rezept des Rhabarberkuchens ist geheim. Und wer backt den? „Mein Mann", sagt Maren Tapken.

Das Kurhaus ist nur Fr–So und an Feiertagen von 9–19 Uhr geöffnet, der Rhabarberkuchen kommt immer frisch aus dem Ofen. *kurhausdangast.de*

46

Wir bieten an:
Frühstücks
buffet 9ºº–1
Mittagstisch 12–
durchgehend
Kaffee/Tee heiße
Schokolade, kalt
Getränke, Eis
Selbstgebackenen

Echter Waalkes
Ottos Gemälde „Sittin' in
the morning sun" (inspiriert
von Edward Hopper)

„Der Geruch nach Meer weckt sofort mein Heimweh"

Seinen Geburtsort verließ er vor mehr als fünfzig Jahren, um als schlaksiger
Ostfriesenjunge ganz Deutschland zum Lachen zu bringen.
Ein Gespräch mit **Otto** dem Großen über Emden, Humor und Kunst

Text Daniela Grunwald

Dat OTTO HUUS

Stadtmauer
Bekannt wie das
Rathaus: das 1987
eröffnete Otto Huus

Ostfriesensound
Ottifanten in allen Tönen
weisen den Weg durchs Haus

Schaulaufen
Emden Road vorm
„Otto-Turm" – dem
Pilsumer Leuchtturm

Frühzeit
Es war Sommer: Der
junge Otto träumt
im Ostfriesengras

„In Emden hatte ich meine ersten Auftritte als Puppendoktor im Kindergarten – und mit der Gitarre im Gemeindehaus."

Warum sollte man Ostfriesland besuchen?
Weil man nirgendwo so herzlich willkommen geheißen wird. Was daran liegt, dass man bei uns jeden schon von Weitem kommen sehen kann – so flach ist das Land.

Was empfehlen Sie Menschen, die zum ersten Mal hier sind?
Am Pilsumer Leuchtturm auf dem Deich spazieren zu gehen, am Hafen von Greetsiel ein Krabbenbrot zu essen und in der Emder Kunsthalle die Gemälde anzuschauen.

Was sind Ihre Lieblingsplätze?
Eine ganze Menge, vor allem aber der Pilsumer Leuchtturm, der irgendwie zum Otto-Turm geworden ist. Und dazu jedes Lokal, das frische Krabben anbietet. Auch die Ferienwohnung über dem Otto Huus, in der ich bei meinen Besuchen unterkomme, ist ein tolles Plätzchen. Von dort aus hat man einen prima Ausblick auf das Emder Rathaus und den Delft. Meine Ottifanten sind auch nicht weit entfernt.

Sie leben schon lange in Hamburg und verbringen zudem viel Zeit in Florida. Wie viel Ostfriese steckt überhaupt noch in Otto?
In Prozent würde ich sagen: jede Menge.

Gibt es Momente, in denen Sie Heimweh empfinden?
Das erfasst mich immer wieder, und meist ist es der Geruch von Meer, der es weckt.

Was lieben Sie an Ihren Landsleuten?
Ihre unaufgeregte, besonnene, ruhige Art, die mich dazu gebracht hat, besonders unruhig, aufgeregt und unbesonnen aufzutreten.

Was war der prägendste Geruch in Ihrer Kindheit?
Außer dem Geruch von frischer Farbe und Tapetenleim, den mein Vater mitbrachte, der Duft von frisch aufgebrühtem Ostfriesentee. Meine Mutter hat ihn verbreitet.

Was verbinden Sie mit Emden?
Kindheit, die ersten Auftritte als Puppendoktor im Kindergarten, die erste Gitarre im Gemeindehaus, der erste Gesangswettbewerb im Kaufhaus Hertie.

Als Sie jung waren, hat Emden noch sehr unter den heftigen Zerstörungen des Krieges gelitten. Wie sind die Emder damit umgegangen? Was haben Sie empfunden?
Für Kinder war das, was der Krieg zurückgelassen hat, eine Art Abenteuerspielplatz: die kleinen Bunker in Transvaal zum Beispiel wurden zu Räuberhöhlen. Die Emder haben die Ärmel aufgekrempelt und Ordnung gemacht. Für meinen Vater, der Maler und Tapezierer war, gab es viel zu tun: Saubere Arbeit war sein Prinzip.

Wie würden Sie Ihre Kindheit beschreiben?
Glücklich, denn es war eine heile Welt. Unsere Eltern haben stets das Böse von uns ferngehalten, deswegen bin ich wohl auch so konfliktscheu. Als meine erste Ehe zu Bruch ging, bin ich fast daran zerbrochen. Unsere Eltern sind dafür mitverantwortlich, durch

---

Otto Waalkes

Komiker, Musiker, Schauspieler und Comiczeichner („Ottifanten"): Der Sohn eines Malermeisters, Jahrgang 1948, wuchs in einem Emder Arbeiterstadtteil auf. In Hamburg brach er ein Kunststudium ab, um Musik zu machen. Der Durchbruch kam Anfang der Siebzigerjahre mit seiner ersten Platte „Otto" und TV-Shows, die für Zuschauer-Rekorde sorgten – genau wie die in den Achtzigerjahren startenden „Otto"-Kinofilme. Eine für 2022 geplante Tour durch 86 Städte wurde coronabedingt verschoben.

---

ihre große, große Liebe. Ich bin ausgesprochen harmoniesüchtig.

Welche Verbindung gibt es noch zu Emden?
Mein Bruder Karl-Heinz wohnt immer noch in Emden, und er schaut auch nach dem „Otto Huus".

Ist Ihr Bruder genauso lustig wie Sie?
Ja, er ist versteckt lustig. Mein Bruder bedeutet mir sehr viel. Er hat früher immer auf mich aufgepasst. Ich habe ihn stets bewundert. Er durfte damals schon in die nicht jugendfreien Filme, hat mir dann anschließend immer alles detailliert erzählt. Darauf war ich sehr stolz. Andererseits war er gutbürgerlich, wurde Bauingenieur, wohnt heute immer noch in Emden. Ich dagegen war immer schon der kleine Herumtreiber, der mit der Gitarre durch die Straßen zog.

Haben Sie sich als Kind vorgenommen, berühmt zu werden?
Nein, aber ich habe früh angefangen, Musik zu machen. Ich bin schon im Kindergarten aufgetreten, mit sechs hatte ich meine erste Gitarre. Ich habe oft irgendetwas als Mikrofon genommen und mir vorgestellt, vor großem Publikum zu singen. Tagträume! Aber dass die mal real würden, daran habe ich nie geglaubt. Das hat sich einfach ergeben, als ich fürs Kunststudium nach Hamburg kam und in kleinen Clubs aufgetreten bin. Für 20 Minuten gab es damals fünf Mark.

Was haben Ihnen Ihre Eltern mit auf den Weg gegeben?
Die Religiosität meiner Mutter und Weltlichkeit meines Vaters waren eine gute Mischung. Sie haben mir beigebracht, Probleme immer sofort anzusprechen und nicht vor sich herzuschieben, nicht zu verdrängen. Wenn mich etwas bedrückt, spreche ich darüber und dann ist es vorbei. Sonst schleppt man so etwas ewig mit sich rum.

Küstenjunge
Für immer im Wasser gefangen? Ein Otto-Selbstbildnis

Vor Ihrem Weggang aus Emden sind Sie mit einer Band quer durch Ostfriesland getingelt. Woran erinnern Sie sich?

Damals waren Beat-Wettbewerbe beliebt: An einem Abend spielten verschiedene Bands, und das Publikum bestimmte die Sieger. „Die Rustlers", so hieß meine Band, waren beliebt. Sie hätten einmal fast gewonnen, obwohl wir gar nicht aufgetreten waren.

Schon vor Otto wurde über die Ostfriesen gerne gelacht. Wann haben Sie Ihren ersten Ostfriesenwitz gehört?

Lang ist's her. Aber schon damals war mir klar, dass die meisten dieser Witze steinalt waren und bloß durch die Besetzung mit „Ostfriesen" neu klangen. Mir kamen sie entgegen, da meine ostfriesische Herkunft, die ich immer betont hatte, einen komischen Beiklang bekam.

In Deutschland lacht man gerne über andere. Ostfriesen zeichnet aus, dass sie sich auch gut über sich selbst amüsieren können. Haben Sie dafür eine Erklärung?

Ist das wirklich so? Ich glaube, dass es überall in Deutschland die gescheiterten

Humor hat Vorfahrt
In Emden läuft der Verkehr anders: Otto als Ampelmännchen

Menschen sind, die auch über sich selbst lachen können.

Otto hat Fans in jedem Alter. Was ist das Geheimnis, dass Jung und Alt Sie gleichermaßen mögen?

Vielleicht, weil ich selbst nie erwachsen geworden bin. Weil da noch ein kindlicher Geist in mir und meiner Komik steckt. Das mögen Ältere, weil sie sich überlegen fühlen, und Jüngere erkennen sich darin wieder. Deswegen wirkt das zeitlos, und es funktioniert heute genauso wie früher.

In jüngerer Zeit haben Sie mit Ihren Otto-Gemälden eine neue, für viele überraschende Fähigkeit unter Beweis gestellt. Wie kamen Sie zur Malerei?

Ich habe eigentlich schon immer viel gezeichnet. Dann fragte mich vor vielen Jahren ein Galerist, ob ich nicht Lust hätte, wieder mehr zu malen. Mein Freund Udo Lindenberg, der ja ebenfalls malt, motivierte mich dann zusätzlich. Udo meinte: „Otto, mach das doch auch! Du kannst das." Da habe ich ihm gesagt: „Okay, Udo, wenn der Fachmann das meint, dann werde ich das angehen." Und so habe ich begonnen, mir mehr Zeit zu nehmen, mehr zu malen und neue Sachen auszuprobieren.

Sind Sie immer zufrieden nach Vollendung des Werkes?

Nein, das wäre ja langweilig. Jedes Bild ist ein kleines Experiment für mich. Die Bilder sehen zwar fertig aus, aber wenn ich sie mir intensiver anschaue, finde ich immer etwas, was ich noch besser hätte machen können. Eigentlich bin ich nie ganz zufrieden.

Sehen Sie ein Talent?

Nein, das sehe ich nicht. Wenn ich durch Museen gehe, dann gibt es tausend Maler, die besser sind.

Gibt es ein Bild, das Sie nie verkaufen würden?

Ich verkaufe keines meiner Bilder gern. Zum Glück habe ich von jedem gute Siebdrucke, die dem Original unglaublich ähnlich sind. So kann ich sie bei mir hinhängen. Aber ich bin nicht mehr jung und brauche das Geld ... Nein, von irgendetwas muss ich ja leben, wenn ich nicht auf Tournee gehe.

Was war für Sie bislang der persönliche Höhepunkt Ihrer schon so lange andauernden Karriere?

Vielleicht war es die Premiere meines ersten Spielfilms, die im Sommer 1985 in Emden stattgefunden hat. Aber so etwas weiß man immer erst, wenn es vorbei ist.

Sie sind 2018 zum Ehrenbürger Emdens ernannt worden, 2019 hat die Stadt exklusive Otto-Ampeln bekommen. Was kommt als Nächstes?

Ich glaube, mehr geht nicht – es sei denn der Ottifant wird zum Emder Wappentier erklärt. Oder als ostfriesische Nationalhymne wird gesungen: „Drunt im Tal sitzt das kleine Ottili."

Viele fragen sich, ob Otto privat auch immer so lustig ist?

Nein, ich versuche oft, ernst zu sein, werde aber nicht ernst genommen. Daraus habe ich das Beste gemacht. Und das scheint irgendwie geklappt zu haben: Die Leute auf der Straße strahlen mich an, wenn sie mich sehen. Ich stelle mir das schrecklich vor, wenn die Leute mich nicht mehr mögen würden. Das würde mir weh tun.

NAVIGATOR Emden

Das niedersächsische Emden ist die westlichste Hafenstadt der deutschen Nordseeküste und mit 50.000 Einwohnern die größte Stadt Ostfrieslands

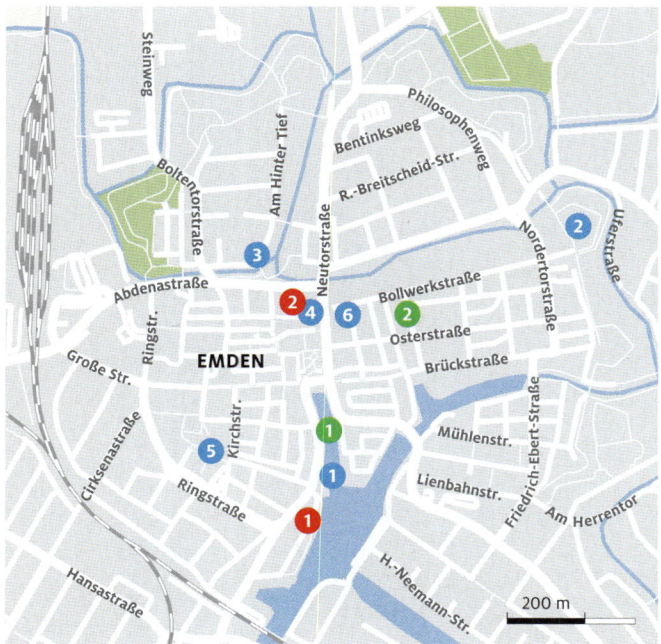

HIGHLIGHTS

1 Ratsdelft
Emdens große maritime Vergangenheit ist im Ratsdelft der Altstadt nachzuempfinden: Im früheren mittelalterlichen Hafenbecken können verschiedene Museumsschiffe wie das Feuerschiff „Deutsche Bucht" besichtigt werden. Hier legen auch Ausflugsboote ab.

2 Stadtwall
Der Anfang des 17. Jahrhunderts angelegte Wall zum Schutz vor feindlichen Angriffen verläuft heute mit seinen acht von elf erhaltenen fünfeckigen Zwingern und Kanalbrücken durch einen weitläufigen Stadtpark.

3 Kunsthalle Emden
Der 1986 eröffnete Bau zählt zu den bedeutendsten Kultureinrichtungen Norddeutschlands. Zu sehen sind eine größtenteils vom Gründer Henri Hannen gestifte Sammlung expressionistischer Meisterwerke (Max Pechstein bis Emil Nolde) sowie Wechselausstellungen. Bekannt ist die Kunsthalle zudem für ihr vielfältiges Angebot an Malkursen und Workshops.
⊕ kunsthalle-emden.de

4 Dat Otto Huus
Der Ottifant in der Fassade zeigt Passanten schon von Weitem, wer hier zuhause ist: ein Museum zu Ehren von Otto Waalkes, Emder Ehrenbürger und Deutschlands populärster Komiker. Eine verwinkelte, kuriose Kathedrale des Humors mit Ottos Lebensstationen, Kinoraum und eigenem Museumsshop.
⊕ datottohuus.de

5 Johannes a Lasco Bibliothek
Das dreischiffige gotische Gebäude beherbergt eine wertvolle Büchersammlung, die auf den im 16. Jahrhundert wirkenden evangelischen Reformator Johannes a Lasco zurückgeht. Die imposante Bibliothek und Forschungsstätte wird auch für Konzerte und Lesungen genutzt.
⊕ jalb.de

6 Landesmuseum
Das Ostfriesische Landesmuseum Emden dokumentiert die Geschichte Emdens und die Einbettung der Region Ostfriesland in die europäische Kulturgeschichte. Zu sehen sind 50.000 Exponate, darunter Kirchenkunst, Münzen, Waffen und zahlreiche Alltagsgegenstände.
⊕ landesmuseum-emden.de

ANREISE

Mit dem Auto ist Emden bequem über die A 31 erreichbar. Sie führt durch die Bundesländer Niedersachsen und Nordrhein-Westfalen und endet im Ruhrgebiet. Die Vernetzung mit dem Nah- und Fernverkehrsnetz der Bahn ist hervorragend. Der Emder Hauptbahnhof ist außerdem Station für Fernbusse.

ÜBERNACHTEN

1 Hotel am Delft
Stilvolles Logieren direkt am Delft: Das 2018 eröffnete Haus bietet 4-Sterne-Komfort im hellen maritimen Ambiente inklusive Sauna und Wellness.
© DZ ab ca. 140 Euro
⊕ hotel-am-delft.de

2 Ottos Ferienwohnung
Hier hat auch Otto Waalkes schon genächtigt: Die Wohnung im 3. Stock vom Otto Huus ist für Emden-Urlauber (oder Hardcore-Fans) mietbar. Mit eigener Küche für maximal vier Personen.
© Übernachtung ab 90 Euro
⊕ datottohuus.de

ESSEN & TRINKEN

1 Restaurant im Feuerschiff
Speisen wie in der Offiziersmesse: Das Restaurant im Museums-Feuerschiff bietet Regionales von Krabbensuppe bis Matjes-Stipp, serviert von der Küche des Restaurants Goldener Adler.
⊕ feuerschiff-emden.de

2 Café Einstein
Entspannter Treffpunkt für Jung und Alt: Tagsüber ist das Einstein ein Café mit leckerem Kuchen, abends beliebter Szenetreff.
⊕ einstein-emden.de

INFORMATIONEN

Weitere Tipps und Informationen finden Sie unter:
⊕ emden-touristik.de

Immer am Deich entlang

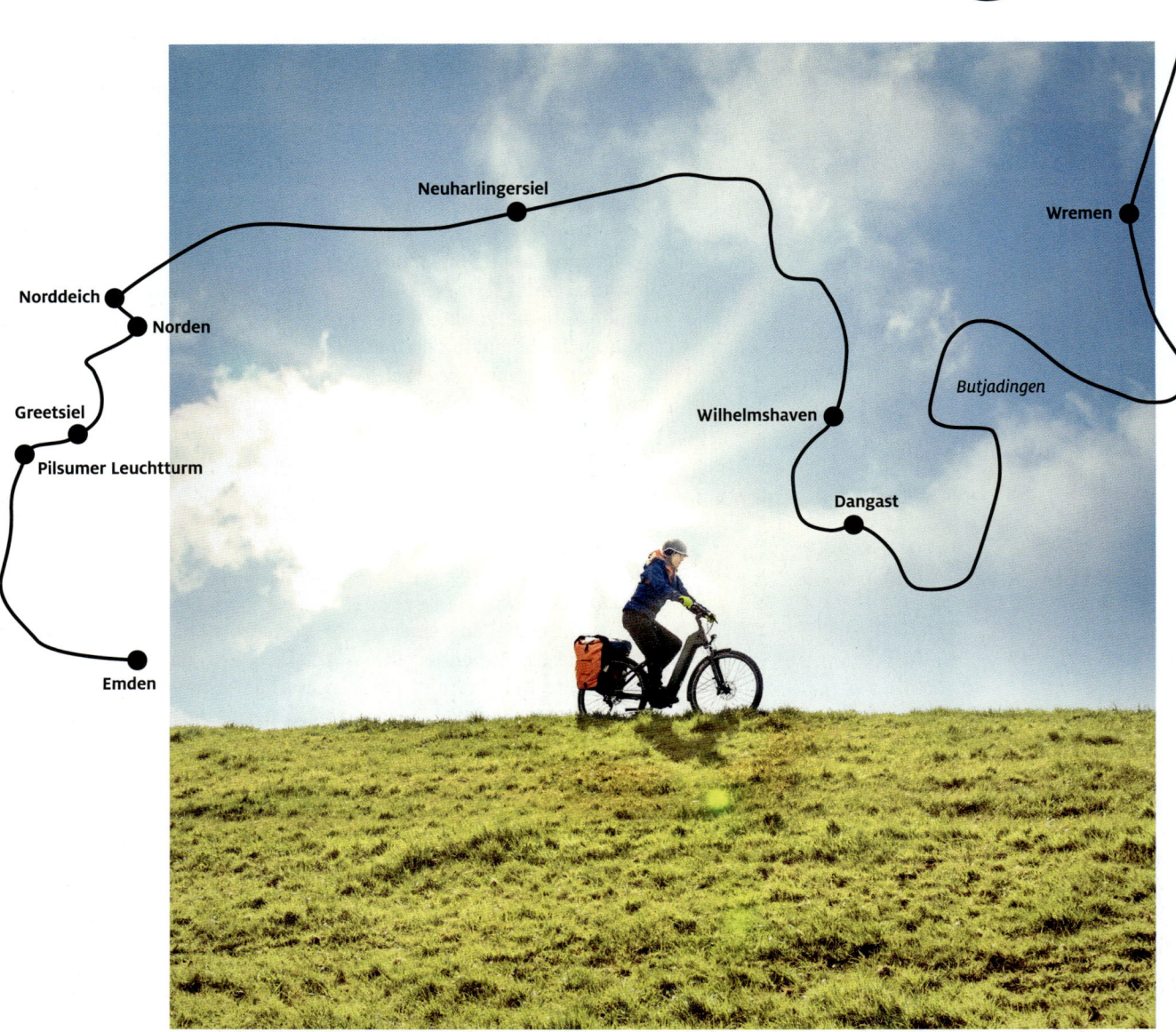

Wind, Wolken, Weite: Eine Radtour auf dem Nordseeküsten-Radweg in Niedersachsen ist ein Kontrastprogramm aus Staunen über die herbe Natur und Begegnungen mit herzlichen Menschen. Mal vor, mal hinter dem Deich – etwa 300 Kilometer von Emden bis Cuxhaven

Text Kirsten Rick **Fotos** Gregor Lengler

Wattenmeer
Dieser Meeresboden
ist ein einzigartiger
Lebensraum und
UNESCO-Weltnaturerbe

Tüftler
Alwin Kocken hat 1986
die erste funktions-
tüchtige Krabben-
schälmaschine erfunden

Rastplatz
Das Wattenmeer ist für Vögel
ein gut gefülltes Restaurant
– diese Möwe ruht sich auf einem
Strandkorb in Schillig aus

Farbtupfer
Klein und geringelt:
Der Pilsumer Leuchtturm
ist nur 11 Meter hoch

Alle vier Himmelsrichtungen sind dabei: Ostfriesland liegt im Westen Deutschlands. Hier beginne ich meine Radtour entlang der südlichen Nordseeküste. Alles klar? Die Route ist einfach, zu meiner Linken sollte immer das Meer liegen, sonst habe ich mich verfahren. Der gesamte Nordseeküsten-Radweg ist 6000 Kilometer lang, auf 900 Kilometern schlängelt sich die Route durch Norddeutschland. Ich habe mir einen Teil in Niedersachsen vorgenommen, von Emden bis Cuxhaven, etwa 300 Kilometer. Von West nach Ost, um den Wind möglichst im Rücken zu haben. Obwohl das bei dem E-Bike – dem Bergamont SUV Country – keine Rolle spielt. Jedenfalls, was das Vorankommen anbetrifft, denn das Rad hat ja sozusagen eingebauten Rückenwind.

Leuchtturm im Ringelsocken-Look

In Emden führt das Wasser bis in die Innenstadt, zum Delft, dem alten Hafen. Hier schnuppere ich maritime Geschichte. Um 1570 war Emden der wichtigste Umschlagplatz an der Nordsee. Damals waren in der Seehafenstadt mehr Schiffe beheimatet, als die gesamte Flotte Englands umfasste. Ich schiebe mein Rad durch die Stadt, über den Markt. Vorbei an viel rotem Backstein und am Otto-Huus der Komiker-Legende. Jetzt aber endlich aufs Rad und los! Es ist ein

Die „Trippelwalze" in Aktion: Mit ihren kleinen Hufen treten die Schafe den Deich fest

wenig kompliziert, aus Emden herauszufinden, aber vielleicht nur, weil ich die Routing-App nicht beherrsche. Dann folge ich den Schildern und es läuft. Ich sause durch Warftendörfer bis zum Schöpf- und Sperrwerk Knock. Und endlich auch am Deich entlang. Vorbei an Feldern, auf denen unzählige Nonnengänse weiden. Ob die wohl wegfliegen, wenn ich näherkomme? Nein. Ein Fischreiher landet neben mir, Kiebitze wippen mit ihren Hauben. Eine reiche Vogelwelt überall.

Der Campener Leuchtturm, der höchste Leuchtturm Deutschlands, ähnelt mit seinem Stahlfachwerk dem Eifelturm. Im rot-gelben Ringelsocken-Look leuchtet mir sein kleiner Kollege entgegen: der Pilsumer Leuchtturm. Der mit nur 11 Metern kleinste Leuchtturm Ostfrieslands, bekannt aus dem Film „Otto, der Außerfriesische", macht gute Laune – und ist ein beliebter Ort für Hochzeiten und das Zweite Eheversprechen. „Bei einer Feier wurde ein Mann seekrank, wir mussten

unten weitermachen", erzählt Gästeführerin und Festrednerin Doris Voss. Meist sind die Feiern sehr emotional: „Ich sehe viele Männer hier weinen. Überhaupt weinen hier mehr Männer als Frauen. Das sind aber keine Ostfriesen."

Wir blicken von oben im Turm über die Salzwiesen bis in die Niederlande. „Wir leben hier im goldenen Ring", sagt Frau Voss, im Deichgürtel. Deichbau wird in Ostfriesland seit über 1000 Jahren betrieben. 10 Meter hoch, 124 Meter breit soll der Deich sein. Darauf grasen Schafe, sie sind die „Trippelwalze", mit ihren kleinen Hufen festigen sie den Deich.

Hafenromantik in Greetsiel

Im Hafen von Greetsiel liegen die Krabbenkutter, ein pittoreskes Mosaik aus Netzen hängt von ihren Masten. Im Abendlicht sieht es aus, als würden die Schiffe schlafen und hätten sich nur nachlässig zugedeckt. Im Witthus, einem gediegenen Hotelkomplex aus alten und neuen Häusern, übernachte ich und esse dort auch zu Abend. Auf meinem Teller: „Wellen und Wogen", Matjes und Krabben.

Am nächsten Morgen treffe ich den Krabbenfischer Ubbo Looden auf seinem Kutter. Krabbenfischer seit wann? „Schon immer. Mein Vater, mein Opa, mein Uropa, alle waren Krabbenfischer. Meine Söhne fahren auch." Doch Ubbo hat die Nachtarbeit zu schaffen gemacht: „Ich konnte nicht mehr schlafen." Auf der „Nordstern", seinem Holzkutter, fährt er nun nicht mehr zum Fischen, sondern nur noch mit Gästen. Erklärt ihnen das Wattenmeer, die Krabben, die eigentlich Garnelen sind und hier auch Granat heißen.

Ubbo findet, dass Naturschutz und Krabbenfischerei zusammenpassen: „Wir machen nichts kaputt. Das ist nachhaltige Fischerei. Wir leben mit der Natur, mit den Gezeiten." Ubbos goldener Ohrring funkelt in der Sonne. Das Schmuckstück verweist auf eine alte Tradition: Wenn früher ein Seemann über Bord ging und irgendwo angespült wurde, bezahlte man mit dem Gold des Ohrringes seine Beerdigung.

Doch in der Seefahrt und beim Fischfang hat sich vieles verändert. Holzkutter wie die „Nordstern" würde sich heute keiner mehr bauen. Die Holländer fischen mit einer hochmodernen Flotte. Die Krabben werden nicht mehr zuhause, sondern in Marokko

Richtung stimmt
Die Orientierung ist einfach, das Meer liegt immer links. Binnendeichs helfen Schilder

Niedlich & nützlich
Schafe sind die besten
Deichschützer an der Nordsee:
Sie halten das Gras kurz
und treten den Boden fest

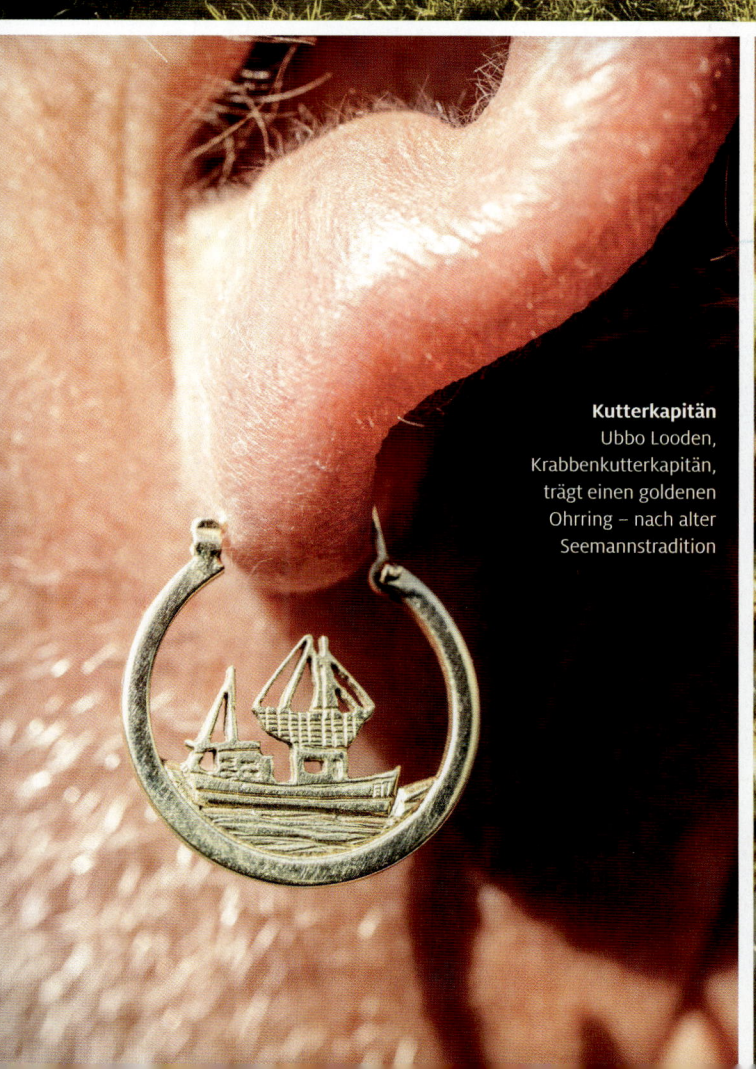

Kutterkapitän
Ubbo Looden,
Krabbenkutterkapitän,
trägt einen goldenen
Ohrring – nach alter
Seemannstradition

Kurze Pause in Norden
Das Bergamont E-Bike ist mein
treuer Begleiter und weicht
selten von meiner Seite

Im Waloseum
Das Skelett eines 2003 gestrandeten Pottwals
ist das beeindruckendste Ausstellungsstück

Seehundstation
Fütterung der Raubtiere
– durch die Panoramascheibe
gut zu beobachten

geschält. „Und die Nordweststürme, wo wir fünf Tage im Hafen lagen, die gibt es nicht mehr." Alles verändert sich. Was bleibt, ist Ubbos Liebe zum Meer. „Nachts auf einem Holzkutter, wenn das knarzt, das ist so romantisch!", seufzt der Seebär.

Ostfriesland historisch: Norden

Ich esse noch ein Krabbenbrötchen, schwinge mich dann auf das Rad und winke den Greetsieler Zwillingsmühlen – von denen nur eine gerade ihre Flügel trägt; die Blätter der anderen werden gewartet.

Bald bin ich in Norden (ich habe etwas geschummelt und die offizielle Route abgekürzt). Norden ist nicht nur die älteste Stadt Ostfrieslands, es hat noch einen weiteren touristischen Superlativ zu bieten: Der Norder Marktplatz ist der größte baumbestandene Marktplatz Deutschlands. An diesen Platz grenzen historische Häuser, in einer Ecke das Teemuseum. Dort bin ich zur ostfriesischen Teezeremonie geladen (mehr dazu auf Seite 58).

Seehunde in Norddeich

Abends flaniere ich über die neu gestaltete Deichpromenade in Norddeich. Der Strand wird auch gerade neu gemacht, es entsteht eine Dünenlandschaft. Man könnte fast glauben, man sei am Meer – wenn das nicht wieder mal weg wäre. Es ist Ebbe. Dafür ist Platz auf dem Wattfenster, einer Treppe mit großen Sitzstufen, die bis zum Meeresboden reicht, mit Blick Richtung Sonnenuntergang.

Über die Bewohner des Wattenmeeres erfahre ich am nächsten Tag sehr viel. Im ehemaligen Sendergebäude von Norddeich Radio befindet sich das „Waloseum". Gedacht war es als Quarantänestation für die nahe gelegene Seehundstation. Doch das Haus ist groß, da war noch Platz für eine Ausstellung, erzählt der Leiter Dr. Peter Lienau. Star der Ausstellung ist das Skelett eines Pottwals, der 2003 vor Norderney strandete. Klickgeräusche tönen durch den Raum, ein Film zeigt die aufwendige (und blutige) Bergung des Wals.

Auf der Quarantänestation, in die man durch kleine Fenster gucken kann, tummeln sich im Sommer ab Juni die kleinen Heuler. Jetzt watschelt nur ein Schwan darin herum, der sich von einem Beinbruch erholt. Seehunde gibt es über 10.000 in Nieder-

---

„Das einzig Beständige im Watt ist das Unbeständige. Wer hier lebt, muss damit umgehen können"

---

sachsen, Kegelrobben etwa 600. Ein paar von ihnen treffe ich in der Seehundstation. Dort werden die Heuler (verwaiste Jungtiere) aufgepäppelt, dann wieder ausgewildert. „Das größte Problem des Seehunds ist seine Niedlichkeit – und wie der Mensch darauf reagiert", sagt Tim Fetting, der leitende Tierpfleger. Sein Appell: Wer einen Seehund am Strand sieht, sollte Abstand halten, mindestens 300 Meter. Das ist zu weit für ein Handy-Foto – aber besser für das Tier. Die Seehundstation wird von einem Verein betrieben, der Eintritt unterstützt die wichtige Arbeit.

Draußen hat das Wetter gewechselt. Der Wind weht heftig und es regnet in Strömen. Auf meinem Weg nach Neuharlingersiel fahre ich mal hinter, aber meist vor dem Deich entlang. An der Wasserkante. Mit Rückenwind bin ich 25 bis 28 km/h schnell, ohne den Motor einzuschalten. Anhalten? Geht nicht. Hoffentlich halten die Radtaschen dicht.

Das graue Meer geht nahezu nahtlos in den grauen Himmel über, kein Horizont. Dafür Weite, unendliche Weite. Ich komme mir sehr klein vor. Die Wellen lecken gierig am Deich.

Teestunde
Im Sielhof in Neuharlingersiel erzählt Gisela beim Tee aus ihrem Leben

---

Thalasso in Neuharlingersiel

Tropfnass komme ich in Neuharlingersiel an. Unterwegs bin ich keinem Menschen begegnet. Im BadeWerk werde ich schon erwartet, zur Thalasso-Anwendung. Thalasso ist die Heilkraft des Meeres, also zählt meine Radtour eigentlich auch schon dazu. Aber nun werde ich mit Schlick bestrichen, warm eingepackt und unter mir wird ein Wasserbett geflutet. Herrlich fühlt sich das an, so geborgen, mehr Entspannung geht nicht. Der Schlick wird nicht etwa aus dem Watt gebuddelt, sondern aus einer Schlickblase gewonnen, die vor 400 Jahren auf natürliche Weise vom Meer abgetrennt und luftdicht abgeschlossen wurde. Seine Reinheit, seine heilende Wärme, die wertvollen Mineralien und Spurenelemente lindern nicht nur allerlei Beschwerden und Hautprobleme, sondern fördern zusätzlich die Durchblutung und stärken das Immunsystem.

„Dieser Lebensraum ist etwas Besonderes auf Erden!" Mit dem Biologen und Nationalpark-Wattführer Bernd Koopmann stehe ich im Watt – im UNESCO-Weltnaturerbe – und er schwärmt: „Das einzig Beständige im Watt ist das Unbeständige. Wer hier lebt, muss damit umgehen können, muss Anpassungsspezialist sein." Und davon gibt es reichlich, das Watt ist ein beliebter Lebensraum, die Biomasse enorm hoch. Auf einem Quadratmeter leben 40.000 Wattschnecken. Hinzu kommen noch all die anderen Tiere, Pflanzen, Pilze, Einzeller – rund 10.000 verschiedene Arten.

Je genauer man hinsieht, je mehr man weiß, umso faszinierender ist diese einzigartige Landschaft. Schönheit, die sich erst auf den zweiten, dritten oder fünften Blick offenbart. Gemütlich wird es wieder im Sielhof – der alte Bauernhof ist fast ein Schlösschen. Dort bin ich zur Teestunde mit Gisela ter Haar verabredet. Gisela ist eine mitreißende Erscheinung, ein Original, wenn sie lacht, lacht der ganze Raum mit. Sie verströmt eine patente Herzlichkeit und erzählt aus ihrem Leben und wie es früher war. „Das interessiert die Leute!" Gisela lacht, sie freut und wundert sich zugleich über das Interesse der Gäste. Die Freude überwiegt. Im schmucken Sielhof kann man auch heiraten. Besondere Orte zum Heiraten gibt es in Ostfriesland viele: Leuchtturm, Kutter, auf den Inseln ... Gisela sagt ganz trocken: „Ist ja schön, aber ob es dann länger hält, weiß man nicht."

Marinestadt Wilhelmshaven

Vom Land in die Stadt: Ich radele nach Wilhelmshaven. Eine Stadt mit Strand. Mit Südstrand! Da stehen nicht nur Strandkörbe, dort sammeln sich auch die touristischen Highlights: das Aquarium, das UNESCO-Weltnaturerbe Wattenmeer Besucherzentrum und gleich gegenüber das Deutsche Marinemuseum.

Im Eingangsbereich des UNESCO-Weltnaturerbe Wattenmeer Besucherzentrums grüßen Schweinswale. Ich lerne: Wilhelmshaven ist ein Hotspot für Schweinswale. Im Frühjahr kommen die Meeressäuger in den Jadebusen, sie lassen sich sogar vom Südstrand aus beobachten. Das Wattenmeer Besucherzentrum ist komplett neu gestaltet, die große Ausstellung über mehrere Ebenen modern mit vielen interaktiven Elementen.

Das Deutsche Marinemuseum gegenüber zeigt unter dem Motto „Menschen – Zeiten – Schiffe" die Geschichte der deutschen Marinen von 1848 bis in die Gegenwart. Im dazugehörigen Museumshafen können Besucher Schiffe besichtigen und sich durch ein U-Boot zwängen. Das Marinemuseum verweist auf das, was die Stadt ausmacht: Wilhelmshaven wurde als Marine-Stadt gegründet und ist heute der größte Standort der Bundeswehr überhaupt. Auf einer Pierlänge von über vier Kilometern liegen hier Fregatten und Versorger.

Dangast – Inspiration für Künstler

Am Jadebusen entlang radele ich nach Dangast. Die kleine Siedlung auf einem Geestkliff ist bekannt als Künstlerort. Die „Brücke"-Maler Max Pechstein, Karl Schmidt-Rottluff und Erich Heckel haben Dangast ab 1907 als Inspirationsort für sich entdeckt. Die Natur, die Ruhe und vor allem das Licht faszinierte sie. Mit ihnen kam auch der Maler Franz Radziwill – und blieb. Das Haus, dass er in den 1920er-Jahren kaufte und selbst weiter ausbaute, ist weltweit eines der wenigen Malerhäuser, die im Originalzustand erhalten sind. Ich besichtige die aktuelle Ausstellung, Porträts. Und sehe aus dem Fenster, an dem Radziwill stand und malte.

Auf dem Dangaster Kunstpfad zeigen Tafeln, wo die Künstler ihre Motive fanden.

„Wir müssen lernen, mit der Nordsee zu leben, Hand in Hand, anders wird es nicht funktionieren"

In den 1970er-Jahren gab es einen neuen Kunst-Schub in Dangast: Düsseldorfer Beuys-Schüler, angeführt von Anatol, gründeten im Kurhaus die Freie Akademie Oldenburg. Am dazugehörigen Strand stehen ihre Skulpturen. Ein gigantischer Granitphallus hat bei seiner Errichtung 1984 viel Aufsehen erregt.

Im Kurhaus gönne ich mir noch einen Tee und ein Stück des legendären Rhabarberkuchens (warm aus dem Ofen!), bevor ich mich auf den Weg nach Butjadingen mache.

Butjadingen – Natur & Badevergnügen

Butjadingen ist die Halbinsel zwischen Jadebusen und Weser. Ruhig, grün, etwas abseits der bekannten Touristenpfade. In Eckwarderhörne, auf dem Hörnchen sozusagen, werde ich fast ins Meer gepustet.

Aber in der Nordsee-Lagune könnte ich trotzdem baden. Das ruhige Gewässer ist der erste Meerwasser-Badesee, in dem es weder Ebbe noch Flut gibt. Doch heute möchte ich nicht ins Wasser (zu kalt), lieber noch etwas Kunst gucken. Und hören. Bärbel Deharde, Künstlerin und Erfinderin der „Butjenter Hörstühle", zeigt mir ihre Arbeiten und die Skulpturen der Kunstpromenade zwischen Fedderwardersiel und Burhave.

Der vielleicht schönste Wanderweg Norddeutschlands ist der etwa fünf Kilometer lange Rundweg durch den Langwarder Groden. Ein Bohlenweg führt über das Watt, bei Flut hat man das Gefühl, über Wasser zu gehen. „Groden, das bedeutet: wachsendes Land", erklärt Dr. Anika Seyfferth, Leiterin des Nationalpark-Hauses in Fedderwardersiel. Hier kann man die Entwicklung der Salzwiese hautnah miterleben. Auch für Vogelbeobachtungen ist der Ort ideal. Das UNESCO-Weltnaturerbe Wattenmeer gilt als Drehscheibe des Vogelzugs und wichtigstes Feuchtgebiet für Vögel in Europa. Der Langwarder Groden sieht jeden Tag anders

aus. Die Natur zeigt sich hier immer wieder neu. Man muss nur genau hinsehen. Nichts bleibt, wie es ist. Und das ist gut so.

Als der Langwarder Groden zum Naturschutzgebiet wurde, waren die Butjadinger skeptisch. Der Sommerdeich, also der Deich vor dem Deich, sollte weg. Aber Deich ist Leben! Ohne Deich würde Butjadingen volllaufen wie eine Badewanne. Es wurde ein Kompromiss geschlossen, der Sommerdeich durfte bleiben, bekam aber eine Lücke. „Wir müssen lernen, mit der Nordsee zu leben, Hand in Hand, anders wird es nicht funktionieren", sagt Dr. Anika Seyfferth.

Köstlich: die Wurster Nordseeküste

Eine Fähre bringt mich und mein Rad über die Weser, ich lasse Bremerhaven hinter mir und bin an der Wurster Nordseeküste. Mit Wurst hat das nichts zu tun, es bedeutet „Land der Wurten". Wurten oder auch Warften sind aufgeschüttete Hügel, auf denen die Häuser auch bei „Land unter" trocken stehen. Der Deichhof in Wremen liegt auf so einer Wurt, das über 200 Jahre alte Bauernhaus, die dazugehörige Scheune und das idyllische Wehldorf. Ein Wehl ist übrigens ein von einem Deichbruch übrig gebliebener Teich. Der Deichhof ist kein Bauernhof mehr, sondern voller schöner Ferienwohnungen, betrieben von der Familie Dircksen. Dircksens Vater war der bekannte Ornithologe Rolf Dircksen, geprägt von der Natur des Wattenmeers.

In den Salzwiesen im Deichvorland der Wurster Nordseeküste wächst ein ganz besonderer Schatz: Röhrkohl, auch Strand-Dreizack genannt. Den dürfen nur Einheimische für ihren eigenen Teller ernten. Einzige Ausnahme ist der Koch Björn Wolters. Im Mai und Juni bietet er in seinem Restaurant „Zur Börse" Röhrkohl-Gerichte an. Röhrkohl-Pesto, Reibekuchen mit Röhrkohl, sogar Schokolade mit Röhrkohl. Die Halme schmecken ein wenig salzig, nach Watt, ein bisschen nach Koriander. Raffiniert regional. Doch nicht nur wegen des Röhrkohls lohnt sich ein Besuch in Wolters „Zur Börse". Das Restaurant ist seit 2007 durchgehend mit einem Michelin Bib Gourmand für bestes Preis-Leistungs-Verhältnis ausgezeichnet.

Auf meinem Weg Richtung Cuxhaven mache ich noch weitere kulinarische Stopps. „Maschineller Krabbenschälbetrieb" ver-

Auf dem Meeresboden
Eine Wattwanderung mit
professioneller Begleitung erschließt
den faszinierenden Lebensraum

Salzwiesen erleben
Mit Dr. Anika Seyfferth
unterwegs im Langwarder
Groden in Butjadingen

Wächterin vom Jadebusen
Die Skulptur „Jade"
von Anatol am Strand
des Kurhauses Dangast

Alles im Blick
Jürgen Trinkies vom
Schiffsansagedienst
Cuxhaven hält Ausschau

Krabbenbrötchen
Korrekt heißen die kleinen
Delikatessen Nordseegarnelen.
Und die schmecken!

Fenster zum Watt
Das Wattenmeer-Besucherzentrum
in Cuxhaven-Sahlenburg ist
von außen und innen sehenswert

Ahoi, Käpt'n!
Ab Cuxhaven könnte ich
noch zu den Seehundbänken
schippern, sagt der Kapitän

kündet das alte Schild. Hier bekomme ich mein Krabbenbrötchen mit „Maschinenfleisch" – wobei diese Bezeichnung noch mal zu überdenken wäre. Früher wurden in jedem Haushalt an der Küste Krabben gepult. Aus Hygienegründen wurde das irgendwann verboten. Deshalb werden die Krabben jetzt in Marokko geschält, in gigantischen Hallen von Tausenden Frauen. Oder von der von Alwin Kocken von 1972 bis 1986 entwickelten Schälmaschine, die mit Druckluft arbeitet. Das Problem: Die Krabben sind alle verschieden, manche kommen sauber gepult aus der Maschine, manche mit Schale. Es muss nachsortiert werden, das kostet. Jetzt gibt es einen neuen Forschungsansatz für eine Krabbenpulmaschine mit Ultraschall-Technik.

Das Melkhus vom Biolandhof Fischer liegt direkt am Radweg. Im Kühlschrank stehen Milchreis, Schokopudding, Quarkspeisen, Buttermilchshakes und andere Köstlichkeiten zur Selbstbedienung, bezahlt wird in eine Kasse des Vertrauens. Beim Milchshake-Trinken sehe ich den Schweinen zu, wie sie in ihren Ausläufen im Dreck wühlen.

Ada Fischer hat eine Bitte an die Radfahrer: „Die landwirtschaftlichen Wege, auf denen die Radfahrer unterwegs sind, die brauchen wir auch." Zur Erntezeit besonders. Wenn also ein Traktor kommt: zur Seite fahren, durchlassen. Die Landwirte arbeiten, auch am Wochenende bei bestem Ausflugswetter.

Cuxhaven auf dem Geestkliff

Nach Cuxhaven fahre ich durch einen Wald. Den Wernerwald. Ein Wald direkt an der Nordseeküste? Die Gegend um Cuxhaven liegt auf einem Geestkliff, einem Geestrücken mit Abbruchkante. Das ist eine Besonderheit, die es so nur noch mal in Dangast gibt (und da nur in klein). Ein Deich ist deshalb nicht nötig. Zum Schutz des Binnenlandes wurde Ende des 19. Jahrhunderts der Wernerwald angelegt.

Den vielleicht schönsten Blick auf das Wattenmeer habe ich durch das Panoramafenster des Wattenmeer-Besucherzentrums. Der stilvolle Holzbau inszeniert die Landschaft als Hauptakteurin: das Wattenmeer als Bühne. Weitere Themen der Ausstellung sind der Vogelzug und die Heide auf dem

„Das Phänomen der Gezeiten: Eben lud die Nordsee zum Baden ein, wenig später liegt der Meeresboden frei"

Geestkliff. Auf den bunten Collagen, diesem ganz besonderen Ausstellungsdesign, sind immer wieder neue Details zu entdecken. Bernhard Rauhut, dem Biologen und Leiter des Wattenmeer-Besucherzentrums, merkt man seine Begeisterung für die Natur und das Haus deutlich an. Er schwärmt von der „wahnsinnsweiten Wattfläche zwischen den Mündungstrichtern von Weser und Elbe" und der Faszination des Watts: „Das Phänomen der Gezeiten lässt viele Gäste staunen. Eben noch lud die Nordsee zum Baden ein und wenig später liegt der Meeresboden frei."

Dann kann man von Cuxhaven zur Insel Neuwerk wandern, der Weg ist mit Pricken (Reisigbündel, die in den Wattboden gesteckt werden) gekennzeichnet. Unterwegs gibt es Rettungsbaken. Wer nach Neuwerk möchte, sollte zwei Stunden vor Niedrigwasser losgehen.

Mehr als 30.000 Schiffe passieren jährlich die Aussichtsplattform „Alte Liebe" an der Elbmündung. Eine Lautsprecheransage informiert über Art, Größe, Herkunft und Ziel der vorbeifahrenden Schiffe. Am Sonntagvormittag kommt die Stimme aus dem Lautsprecher von Jürgen Trinkies, Kapitän und Seelotse in Rente. Er sitzt in einem gemütlichen Häuschen, vor ihm mehrere Bildschirme, dahinter das Panoramafenster auf die Elbmündung. Früher gab es den Schiffsmeldedienst, heute den ehrenamtlich betriebenen Schiffsansagedienst. Die Live-Webcam wird auch aus den USA angeklickt. Wann denn der beste Zeitpunkt zum Schiffegucken auf der „Alten Liebe" ist, frage ich Jürgen Trinkies. „Drei bis vier Stunden vor Hochwasser – denn die großen Schiffe brauchen das Hochwasser, um nach Hamburg zu kommen."

Ich radele noch mal ein Stück zurück, zur Kugelbake. Dort ragt ein Leitdamm etwa 10 Kilometer Richtung Neuwerk ins Wasser. Der Damm verhindert, dass das Watt in die Elbe rutscht. Dadurch verschlickt aber auch der Strandbereich. Der Natur macht das nichts – aber den Menschen. Jeder Eingriff in die Natur hat Folgen, manchmal auch unerwünschte. Das sollten wir bedenken. Wir müssen lernen, mit dem Meer zu leben. Und dafür lohnt es sich, das Meer zu erleben.

Hochwasser
Ebbe und Flut – zweimal am Tag steigt und sinkt das Wasser in der Nordsee. Der Gezeitenkalender verrät, wann es da ist und wann nicht

NAVIGATOR **Radtour Nordseeküste**

Seehunde und Teestunde, Weitblick und Wellness, Ebbe und Flut:
Der Nordseeküsten-Radweg bietet abwechslungsreiche Entdeckungen.
Und das UNESCO-Weltnaturerbe Wattenmeer ist immer nah

HIGHLIGHTS

1 Pilsumer Leuchtturm
Nur 11 Meter hoch, rot-gelb geringelt wie eine Socke und bekannt aus dem Film „Otto – Der Außerfriesische". Im Trauzimmer können sich Paare das Ja-Wort geben.
⊕ *greetsiel.de*

2 Zwillingsmühlen Greetsiel
Die beiden Mühlen am Ortseingang von Greetsiel sind ein

Blickfang. Im Mühlenladen gibt es täglich frisches Brot, im Kornspeicher ein Café.
⊕ *greetsiel.de*

3 Hafen von Greetsiel
Der malerische Hafen wird regelmäßig von 25 Krabbenkuttern angesteuert, Ostfrieslands größter Kutterflotte. Tipp: Kutterfahrt mit Kapitän Ubbo Looden.
⊕ *kutterfahrten-greetsiel.de*

4 Ostfriesisches Teemuseum
Alles über Tee und die Ostfriesische Teekultur zeigt das Museum in Norden, das sich verwinkelt über mehrere historische Häuser erstreckt.
⊕ *teemuseum.de*

5 Waloseum in Norden
Mittelpunkt der Ausstellung ist das Skelett eines Pottwals, der 2003 vor Norderney gestrandet ist. Im Waloseum befindet sich auch die Quarantänestation der Seehundstation.
⊕ *seehundstation-norddeich.de/waloseum*

6 Seehundstation Norddeich
Hier in Norden-Norddeich werden verwaiste Heuler großgezogen und wieder ausgewildert. Spannend sind die Live-Fütterungen, dazu eine große Ausstellung über Seehunde, Kegelrobben und das Wattenmeer.
⊕ *seehundstation-norddeich.de*

7 BadeWerk Neuharlingersiel
Wellness auf höchstem Niveau im Thalasso-Zentrum. Meerwasser und Naturschlick tun so gut! Das Angebot reicht von Schwimmbad und Sauna bis zu Fitness und Massagen.
⊕ *badewerk.de*

8 Wattwanderung
Einen Spaziergang auf dem Meeresboden – sollten Sie sich nicht entgehen lassen. Ich war mit dem Biologen Jens Koopmann in Neuharlingersiel unterwegs.
⊕ *neuharlingersiel.de*

9 Sielhof Neuharlingersiel
Im Haus des Gastes im historischen Sielhof plaudert die Neuharlingerin Gisela beim Tee aus dem Nähkästchen. Bezaubernd!
⊕ *sielhof.de*

10 Wattenmeer-Besucherzentrum Wilhelmshaven
In Wilhelmshaven ist das größte Bildungs- und Informationszentrum für den Nationalpark Niedersächsisches Wattenmeer. Die neue Ausstellung wird interaktiv und digital.
⊕ *wattenmeer-besucherzentrum.de*

11 Deutsches Marinemuseum
Marinegeschichte von 1848 bis heute – mit Original-Schiffen im Museumshafen.
⊕ *marinemuseum.de*

12 Franz Radziwill-Haus
1920 kam Franz Radziwill nach Dangast. Heute ist sein Haus weltweit eines der wenigen Malerhäuser, die im Originalzustand sind.
⊕ *radziwill.de*

Bikeline-Radtourenbuch Nordseeküsten-Radweg 2, Niedersachsen – von der Ems nach Hamburg, Spiralbindung, wetterfest und mit GPS-Tracks-Download, 160 Seiten, 14,90 Euro. Erhältlich im **Handel** oder unter *esterbauer.com*

13 Dangaster Kunstpfad
20 Tafeln an Standpunkten, wo Maler ihre Motive fanden, vermitteln Einblicke in die künstlerische Vergangenheit Dangasts.
⊕ *dangast.de*

14 Langwarder Groden
Auf einem 5,7 km langen Rundweg die Natur des Wattenmeeres entdecken. Ein Bohlenweg führt direkt hinein in 70 Hektar Salzwiesenentwicklungsfläche.
⊕ *butjadingen.de*

15 Nationalparkhaus-Museum Fedderwardersiel
Kombination aus Nationalpark-Haus und Regionalmuseum am Hafen von Fedderwardersiel. Shop mit nachhaltigen und regionalen Produkten und Kunst.
⊕ *nationalparkhaus-wattenmeer.de*

16 Nordsee-Lagune
Die Nordsee-Lagune in Burhave ist der weltweit einzige Meerwasser-Badesee, in dem es weder Ebbe noch Flut gibt.
⊕ *butjadingen.de*

17 Wattenmeer-Besucherzentrum Cuxhaven
Das Schaufenster zum Watt: eindrucksvolle Architektur und spannendes Ausstellungsdesign mit bunten Collagen.
⊕ *nationalparkhaus-wattenmeer.de*

18 Souvenirs von der See
Unikate aus Treibholz und aussortierten Landkarten: Dörthe Hempel-Seebeck fertigt schöne maritime Dinge.
⊕ *doerthe-hempel-seebeck.de*

19 Strandvielfalt in Otterndorf
Die Füße in den Sand stecken oder vom Gras durchkitzeln lassen: Otterndorf hat für jeden Typ den richtigen Strand. Und zwei gezeitenunabhängige Badeseen.
⊕ *otterndorf.de*

ANREISE

Mit dem Auto oder Zug nach Emden, zurück geht es ab Cuxhaven. Die Fahrradmitnahme in der Bahn ist kein Problem. Niedersachsenticket 24 Euro plus 5 Euro je Mitfahrer, Fahrradticket 6 Euro.
⊕ *bahn.de*

Mit dem E-Bike

Ich war unterwegs mit dem Bergamont E-Horizon SUV Country. Ein vielseitiger Trekking-Allrounder mit breiten Reifen und ordentlich Reichweite (625-Wh-Akku), der mich mühelos über den Deich getragen hat.
⊕ *bergamont.com*

Nordseeküsten-Radweg

Pauschalangebot von Rückenwind Reisen, Emden bis Cuxhaven, 8 Tage ab 669 Euro.
⊕ *rueckenwind.de*

Paddel und Pedal

Wer in Ostfriesland mit Kanu oder Rad unterwegs sein möchte, findet hier Ideen und kann Räder (auch E-Bikes) mieten.
⊕ *paddel-und-pedal.de*

ÜBERNACHTEN

1 Hotel Janssen
Gemütliches Haus, frisch renovierte Zimmer mit Hafenblick.

Thalasso-Partner-Hotel, das Badewerk ist gleich nebenan.
© DZ ab ca. 140 Euro
⊕ *hotel-janssen.de*

2 Fliegerdeich Hotel & Restaurant
Neu, stylisch, unkonventionell. Tolle Lage mit Meerblick!
© DZ ab ca. 119 Euro
⊕ *hotel-fliegerdeich.de*

3 Der Deichhof
Charmante Ferienwohnungen im ehemaligen Bauernhof an der Wurster Nordseeküste. Das Meer ist gleich nebenan.
© Ferienwohnung (2 Pers.) ab ca. 53 Euro
⊕ *deichhof.de*

4 Campingplatz Strandgut
Kleiner Platz aus den 1960ern, frisch renoviert. Luxus: die Tiny-Houses. Praktisch: die Strandgut-Kojen als komfortable Zeltalternative.
© Tiny-House (2 Pers.) ab 120 Euro, Strandgut-Koje ca. 35 Euro
⊕ *campingplatz-strandgut.de*

5 Havenhostel Cuxhaven
Modernes Hostel am Nordseekai im Alten Fischereihafen.
© DZ ab ca. 71 Euro
⊕ *havenhostel.de*

ESSEN & TRINKEN

1 Hotel Restaurant Witthus
Umfangreiche Fisch- und Krab-

benkarte, sehr gemütlich.
⊕ *witthus.de*

2 Kurhaus Dangast
Norddeutsche Speisen sowie Frühstück und Kuchen mit Blick auf das Wattenmeer. Der Rhabarberkuchen: legendär!
⊕ *kurhausdangast.de*

3 Gasthaus Wolters Restaurant Zur Börse
Björn Wolters ist der einzige Koch, der Röhrkohl anbieten darf. Falls gerade nicht Saison ist: Alles andere schmeckt auch köstlich.
⊕ *zur-boerse.de*

4 Kockens Krabbenbetriebe
Alwin Kocken hat die Krabbenschälmaschine erfunden. Super Fischbrötchen und Sitzgelegenheiten für die Pause.
⊕ *kocken-krabben.de*

5 Melkhus auf dem Biolandhof Fischer
Spezialiäten aus Biomilch, perfekter Pausenplatz.
⊕ *biolandhof-fischer.de*

6 Kliff Sahlenburg
Nordseetapas und Burger mit krossen Süßkartoffel-Pommes und perfektem Meerblick.
⊕ *kliff-restaurant.de*

INFORMATIONEN

Weitere Informationen unter:
⊕ *reiseland-niedersachsen.de*

Filigrankünstler
Im Atelier auf Juist:
Ulrich Löhmann zählt
zu den letzten Gold-
schmieden in Ostfriesland

Die glorreichen
Sieben

Jede der Ostfriesischen Inseln hat ihre eigene Geschichte
und ihre prägenden Gesichter. Die an der Küste groß gewordene
Schriftstellerin Sylvie Gühmann hat sie aufgespürt

Text Sylvie Gühmann

Weite Blicke
Im Wind von Baltrum:
Sabine Hinrichs ist hier
zugleich Insel-Reporterin
und Landschaftsfotografin

Original
Mit Musik und Platt durchs
Watt: Gästeführer und
Akkordeonist Albertus
Akkermann vor Borkum

Salzgeschmack
Frisch vom Kutter ins
Brötchen: Inseldelikatessen
von Krabben bis Hering

Naturerlebnis
Auf den Pfaden „Osterhook" und
„Flinthörn" können Besucher die Insel
Langeoog auf eigene Faust erkunden

Der Bademeister
Vor dem Bademuseum:
Matthias Pausch,
Museumsleiter und
Norderneys Stadtarchivar

Die Kümmerin
Gibt den Kurs vor: Heike
Horn, Bürgermeisterin
von Langeoog, am
Bahnsteig der Inselbahn

Staatsbad Norderney
Eine Strandgesellschaft um
1900 – das Bademuseum
gibt tiefe Einblicke, wie die
Badekultur entstand

Um sie herum bauscht die See wild ihre Wellen auf, wie silberfarbenes Haar schmiegt sie sich an die Sandkurven. Auf den ersten Blick mögen sie sich ähneln, die glorreichen Sieben. Auf den zweiten tun sie das nur noch wenig. Jede der Ostfriesischen Inseln hat etwas ganz Eigenes. Und wer weiß das besser als diejenigen, die auf ihnen leben?

BORKUM
Das Multitalent

130 Kilometer Radwege, Familienbad, Niederwald, Dünen, Strand und Strandreiten – Borkum glänzt als Multitalent. Es reicht dieser Insel nicht, die größte unter den sieben zu sein, sie überschlägt sich auch noch in Sachen Vielfalt. Ganz passend dazu hat sie einen außergewöhnlichen Wattführer: Albertus Akkermann. Der 55-Jährge sorgt nicht nur mit seinen täglich vier Wanderungen dafür, dass die Besucherinnen und Besucher das Weltnaturerbe zu schätzen lernen, er teilt noch mehr ostfriesische Bonbons mit ihnen: sein Akkordeon und das Plattdeutsche. „Mein Familienstammbaum auf Borkum reicht über 500 Jahre zurück – ich bin sozusagen ein Tiefwurzler", sagt er und lacht. Singend, spielend und sprechend führt er Gruppen über Schlick und Sand vor Borkum. Er ist der dienstälteste Wattführer und ein Beschützer fast verloren geglaubter Traditionen.

JUIST
Der Schatz

Es liest sich wie eine Sage: Im 15. Jahrhundert verfielen die Ostfriesen einem Goldrausch. Während Kunst und Handel florierten, ostfriesische Häuptlinge metzelten und Matrosen in See stachen, entwickelten die Bewohner der Küste eine Gier nach goldenem Glanz. Doch erst mit der zweiten Welle dieses Rausches, der zwischendurch etwas nachließ, entwickelte sich 1750 eine Kunst daraus, die heute vom Aussterben bedroht ist: traditionell ostfriesischer Filigranschmuck. Die Geschichte entstammt also keineswegs einem Märchenbuch – sie ist wahr. Ihr Schatzmeister heißt Ulrich Löhmann und er hat seine Kammer auf Juist, einen Steinwurf vom Strand entfernt. Seine Frau bezeichnet ihn als „den letzten Mohikaner", einen der letzten seiner Art. Er sagt, er sei heute der einzige noch existierende Filigrankünstler

> Borkum glänzt als Multitalent. Es reicht dieser Insel nicht, die größte unter den sieben zu sein

mit eigener Werkstatt. Von Ostern bis Herbst gibt er sogar Vorführungen und zeigt Gästen, was es mit dem Filigran auf sich hat. Dabei fertigt er Schnörkel an, lötet und füllt auf. „Genau genommen war die Filigrankunst die erste Art von Steuerhinterziehung", erklärt er schmunzelnd. Wenn Ulrich Löhmann spricht, knarzt seine Stimme, sie klingt ungeschliffen wie das Gold, das er schmiedet. Die Ostfriesen trugen damals das Gold am Leib, in Form des Schmucks, um so den Steuern zu entgehen. Wenn Ulrich Löhmann von seiner Arbeit erzählt, merkt man ihm seine Leidenschaft für die Filigranschmiede an. Er macht ihn traurig zu sehen, dass die Kunst auszusterben droht. Doch er hat einen hoffnungsvollen Plan: Er möchte sie an seine Auszubildende weitergeben. Damit der Schatz der Ostfriesen zwischen den sanften Dünen von Juist nicht verloren geht.

NORDERNEY
Die Mondäne

Manch einer bezeichnet sie als das Sylt Ostfrieslands: Norderney. Wirft man im Sommer einen Blick auf die Fähre und sieht die bunten Steppjacken, die sich auf den Weg zur Weißen Düne begeben, um aus langhalsigen Gläsern zu trinken, möchte man ihnen Recht geben. Dass die Insel fast seit Anbeginn der Zeiten schon die Edle unter den Sieben gewesen ist, das weiß Matthias Pausch, Stadtarchivar und Museumsleiter der Insel. Schon um das Jahr 1907 herum feierten Gäste aus aller Welt rauschende Feste im Seebad, dem ältesten der Nordseeküste. „Ein bisschen ‚Babylon Berlin', so kann man sich das vorstellen", erzählt der 42-Jährige. Bankiers, Fabrikbesitzer, Politiker – sie alle strömten auf die Insel. Sogar Könige ließen sich nieder um die Sommerfrische zu genießen. „An Norderney – und vor allem an seinem Badehaus – lässt sich so sogar die Geschichte Europas nachzeichnen, auch die weniger schönen Zeiten", sagt Pausch. Die Kriegswirren, das wirtschaftliche Auf und Ab, Epochen, all das spiegelt die Historie des Bads und der Insel wider. Heute befindet sich hier das größte Thalasso-Haus Europas. Eine geschichtsträchtige Insel mit einem Hauch „Babylon Berlin". Nur eben an der Nordsee.

Das goldbehangene Kleid der Manningas

Der Legende nach gestattete schon Karl der Große, sich von Kopf bis Fuß mit Gold zu behängen, und zwar ohne Steuern zu bezahlen. Die ostfriesische Häuptlingsfamilie Unico Manninga aus Pewsum sieht im 15. Jhd. ihre Möglichkeiten. Die altfriesische Tracht (siehe Bild rechts) ist überzogen mit Goldschmuck. Unter der Regentschaft von Graf Ulrich bricht eine zweite Blütephase an, in der Handwerk und Kunst florieren. Seefahrer und Kaufleute bringen von fernen Reisen Schmuck und edle Gebrauchsgegenstände nach Ostfriesland. Die gerade erst zu Reichtum gekommenen Friesen eifern dem französischen Landadel nach, das Gold strömt nur so mit dem Fernhandel ins Land. Und mit ihm verbreitet sich die Kunst des Filigrans, eine Technik, die Byzanz und dem Fernen Osten entstammt. Wenig verwunderlich also, dass auch Gräfin Anna von Ostfriesland, sonst für ihre Sittenstrenge bekannt, die Goldschau gestattete. In der Reformationszeit fand der Rausch der Friesen ein Ende und das Gold der Trachten, die Schätze der Küste, zerschmolz zu Münzen. Erst um 1750 erlebte das Filigran seine Renaissance, währenddessen ostfriesische Schmieden sich auf die besondere Kunst spezialisierten. Muscheln, Ranken und Schiffe flossen als beliebte Motive ein. Ulrich Löhmann, einer der letzten Goldschmiede Ostfrieslands, sorgt heute noch zwischen den Dünen von Juist dafür, dass sie erhalten bleiben. *inselgoldschmiede-juist.de*

BALTRUM

Die Unterschätzte

Sie ist die Kleinste unter den glorreichen Sieben und liegt versteckt zwischen ihren Geschwistern. Die Wege auf Baltrum sind kurz, Autos gibt es keine, Besucher mögen sich fragen, ob hier überhaupt etwas von Zeit zu Zeit passiert. Dass das durchaus der Fall ist und welche Geschichten es zu erzählen gibt, weiß Sabine Hinrichs. Gleich fällt ihr die Legende von Jan de Buhr ein, der vor ein paar Jahrhunderten im Watt verschwunden und dem die Bestattung auf Baltrum von den Insulanern verweigert worden sein soll. „Die Geschichten sind hier viel intensiver als am Festland", sagt sie. Sie ist seit 1982 auf Baltrum und das Sprachrohr der Insel. Nach dem Abitur entschied sich die heute 58-Jährige für einen ungewöhnlichen Schritt: Während Gleichaltrige in Großstädte flohen, zog es sie auf die Insel. „Ich bin keine Konsumentin, ich bin eine Macherin", sagt sie über sich selbst. Und das funktioniere auf Baltrum sehr gut. Es habe alles, was es braucht. Theater, Musik, Kunst, all das habe ihr gleich gefallen. „Außerdem sieht man hier von überall aus das Wasser – und das ist es ja, was eine Insel ausmacht – das Wasser und nicht das Land."

LANGEOOG

Die Wandlerin

Jede Insel hat ihre Besonderheiten. Auf Langeoog ist es neben der größten Seevogelkolonie Deutschlands, die man hier beobachten kann, die Frau, die die Insel leitet: Heike Horn. Sie ist die einzige Bürgermeisterin auf den sieben Ostfriesischen Inseln, die einzige Frau, die hier die politischen Geschicke bestimmt. Nach Zwischenstopps in Hamburg, Lüneburg, Stade und Wittmund hat es die Mutter zweier Kinder zum Inselleben nach Langeoog gezogen. „Hier gehöre ich hin", sagt sie. Sie sei sich ihrer Position als einziger Bürgermeisterin bewusst, finde aber nicht, dass es in ihrer Arbeit mit den Kollegen eine große Rolle spiele. Sie wünscht sich trotzdem mehr Frauen in den Inselämtern. „Wir haben einfach eine andere Sichtweise. Gar keine schlechtere und gar keine bessere, aber eben eine andere." Für die Bürgerinnen und Bürger sei sie in ihrer Funktion zuerst ungewohnt gewesen. Jetzt bekomme sie aber immer häufiger zu hören, es wäre an der Zeit gewesen,

> ## Die Wege auf Baltrum sind kurz, Autos gibt es keine, Besucher mögen sich fragen, ob hier überhaupt etwas passiert

dass mal eine Frau das Amt übernehme. Die 57-Jährige kann sich übrigens gut vorstellen, auf der Insel alt zu werden. „Aber man weiß nie, was kommt", sagt sie. Eben eine Frau, eine Insel im Wandel.

SPIEKEROOG

Das Dornröschen

Verschlungene Pfade winden sich durch den Kern der Insel. Gesäumt von uralten Bäumen und roten Backsteinbauten blinzelt das Dorf müde seinen Besuchern entgegen. In der Ferne klappern Hufe. Ein Dorf wie aus einer anderen Zeit. „Hier ist es kuschelig", fasst Spiekeroogs Inselärztin Claudia Lauterjung zusammen. Seit 18 Jahren lebt und arbeitet sie auf der ostfriesischen Insel, die manch einer als Dornröschen bezeichnet. Eine Metapher, die zu passen scheint. Die kleinen Friesenhäuschen, die Kutschen, der alte dörfliche Bestand – all das hinterlässt den Eindruck, die Insel hätte ein paar Jahrzehnte verschlummert. Auch in der Arbeit der Inselärztin findet sich das wieder: „Es ist ein bisschen so wie in Afrika. Wir sind hier nahezu autark." Bei Frühgeburten etwa, wenn die Tide nicht passe und ein Sturm aufziehe, müsse sie selbst Hand anlegen. Der einzige Unterschied zu früher: „Im Notfall kann ich schnell per Videochat auf dem Festland anrufen!", erzählt sie und lacht.

WANGEROOGE

Die Bodenständige

Weiße Kronen schäumen auf der See. Der Wind treibt pechschwarze Wolken über den Himmel. Hier und da bricht Licht durch die dunkle Decke und reißt den Horizont mit seinen gelben Strahlen entzwei. Dieser Ausblick, sagt Strandbar-Besitzer Jan-Dirk Post, ist ihm der liebste. Nicht etwa, wenn die glutrote Sonne im Meer versinkt oder die Möwen vor babyblauem Hintergrund krei-

schen, sondern bei Sturm. Wenn er morgens als Erstes die Siebträgermaschine anwirft und aufs wütende Meer blickt. Das sei etwas, das großartige Orte ausmache; wenn sie bei schlechtem Wetter schön seien. „Sonnenuntergänge sind überall toll", findet der 53-Jährige. Aber wenn er bei Regen durch die große Panoramascheibe vom Digger's raus aufs Meer blicke, gebe es für ihn keinen schöneren Ort als diesen einen – Wangerooge. Er lebt jetzt in der fünften Generation auf der Insel, dem östlichsten Eiland der ostfriesischen Küste. Schon sein Urgroßvater besaß 1898 ein kleines Kaffeehaus. Irgendwann Anfang zwanzig, da sei er mal für eine Weile ausgebrochen und durch die Welt getingelt. Dass er zurückkommt, habe er dabei immer gewusst. „Ich komme von hier, das ist meine Heimat", sagt er dazu. Sein Zuhause nennt er auch das Digger's, die Strandbar und die 60 Meter entfernte Schirmbar. Dass der kleine Laden sich noch so bescheiden hinter den Dünen ducken darf, ist nicht selbstverständlich. Eigentlich hatte er längst einem riesigen Hotelkomplex weichen sollen, einer Anlage mit Hubschrauberlandeplatz und Tiefgarage. Auch sonst steche Wangerooge baulich nicht groß hervor, so Post. Die Kriege hätten Spuren hinterlassen. Aber vielleicht ist es genau das, was die Insel ausmacht: das Schlichte, Bodenständige. Jedenfalls sieht Post das so, wenn der Sturm draußen heult und er die Kaffeemaschine in seinem Laden direkt hinter den Dünen anwirft, um aus dem Panorama-Auge auf die See zu schauen. Mehr braucht er nicht.

Sylvie Gühmann
ist 1994 in Leer geboren, liebt ihre Heimat und pflegt die ostfriesische Teezeremonie zurzeit in Hamburg

Eine Ode an ihre Heimat
Sie beschreibt die Eigenheiten einer ganzen Region. Kurz, sie ist aufgewachsen zwischen Kühen, Idylle und Kleinstadtkorsett. „Die junge Frau und das Meer", Conbook, 256 Seiten, 12,95 €

Einsatzfahrt
Mit dem Fahrrad auf
Hausbesuch: Claudia
Lauterjung, Inselärztin
von Spiekeroog

Vogelperspektive
Baltrum, die kleinste
der Inseln – dahinter
Langeoog und Spiekeroog,
aufgenommen bei einem
Rundflug der Inselflieger
der Reederei Frisia

Pferdestärken
Rauschen im Galopp:
Borkum ist die einzige
Insel, wo am Strand
geritten werden darf

Kneipenkult
Alles im Griff: Jan-Dirk
Post, eine Ikone auf
der Insel, im Digger's
auf Wangerooge

NAVIGATOR **Ostfriesische Inseln**

Ebbe und Flut beherrschen das Leben auf den glorreichen Sieben im niedersächsischen Nationalpark Wattenmeer. In der abwechslungsreichen Kulturlandschaft gehört Entschleunigung zum Urlaub dazu

Norderney

Karlshof

Juist

NORDSEE

Borkum

Norden

Großheide

DEUTSCHLAND

2 km

HIGHLIGHTS

1 Nordsee-Aquarium
Auf **Borkum** sind die Meeresbewohner Auge in Auge zu bewundern – von der Fünfbärteligen Seequappe bis zum Katzenhai, vom Kammstern bis zum Nixentäschchen und von der Ohrenqualle bis zur Schlammrose.
⊕ *borkum.de*

2 Otto-Leege-Pfad, Juist
Der künstlerisch gestaltete Lehrpfad bringt den Besuchern die Natur einer Düneninsel mit ihren komplexen Zusammenhängen nahe. Tolle Aussicht auf Salzwiesen, Watt und Küste. Barrierefrei.
⊕ *juist.de*

3 Thalasso-Nordseeheilbad
Seit dem 18. Jh. dient die Insel berühmten Persönlichkeiten wie etwa Heinrich Heine als Sommerdomizil. Das spektakulär umgestaltete „Badehaus **Norderney**" wird heute anspruchs-

vollen Wünschen gerecht. Wellnessbereich und Erlebnisbad.
⊕ *norderney.de*

4 Watt Welten Norderney
2015 eröffnete das Wattenmeer-Besucherzentrum Norderney und zeigt seitdem eine interaktive Ausstellung über zwei Stockwerke. Und zum Schluss geht es für Ausblick und Meeresbriseatmen auf die Dachterrasse.
⊕ *nationalparkhaus-wattenmeer.de*

5 Inselkirche Baltrum
Das älteste Haus der Insel ist die alte Inselkirche von 1826. Nachdem eine verheerende Sturmflut die meisten anderen Bauten mitriss, ist sie ein Überbleibsel des alten Inselkerns.
⊕ *inselkirche-baltrum.de*

6 Vogelwärterhaus Langeoog
Inmitten von Salzwiesen und Dünen liegt das Vogelwärterhaus. Am Rande des Vogelschutzge-

biets informiert dort eine multimediale Ausstellung unterhaltsam über den Vogel-, Natur- und Küstenschutz der Insel.
⊕ *langeoog.de*

7 Pferdebahn Spiekeroog
Vom ehemaligen Bahnhof zum Westend und retour geht's mit der Pferdebahn auf der historischen Strecke, die 1885 eröffnet wurde. Damals führte sie noch bis zum Herrenbadstrand.
⊕ *pferdebahn-spiekeroog.de*

8 Schlafstrandkorb
1,30 Meter breit, 2,40 Meter lang und bei Sturmgebraus schützt eine rundum verschließbare wetterfeste Plane: Wer sich gar nicht vom Strand entfernen mag, kann sich auf **Wangerooge** in Schlafstrandkörben betten.
⊕ *wangerooge.de*

9 Leuchtturmrundreise
Drei Leuchttürme aus drei Epochen sind auf Wangerooge zu

bestaunen, der Turm in der Inselmitte beherbergt das Museum.
⊕ *ostfriesland.travel*

ANREISE

Mit der Bahn oder dem Flixbus lassen sich die Fähranleger zu den Ostfriesischen Inseln erreichen. Über die Autobahnen A1, A7, A28, A29, A31 sind die Fährknotenpunkte mit dem Auto zu erreichen, wobei jedoch zu beachten ist, dass die meisten Inseln ganz auf den Autoverkehr verzichten. Es finden sich aber an den Fähranlegern und auf dem Festland ausreichend sichere Abstellmöglichkeiten. Zur Insel geht es per Fähre oder Inselflieger: Borkum: Emden; Juist und Norderney: Norddeich Mole (Juist ist autofrei); Baltrum (autofrei): Neßmersiel; Langeoog (autofrei): Bensersiel; Spiekeroog (autofrei): Neuharlingersiel; Wangerooge (autofrei): Harlesiel.
⊕ *frisonaut.de*

ADAC Reiseführer plus Ostfriesland und Inseln mit vielen Tipps und Maxi-Faltkarte zum Herausnehmen. 192 Seiten, 14,99 €. Erhältlich im **Handel** und in den **ADAC Geschäftsstellen** oder unter *adac-shop.de*

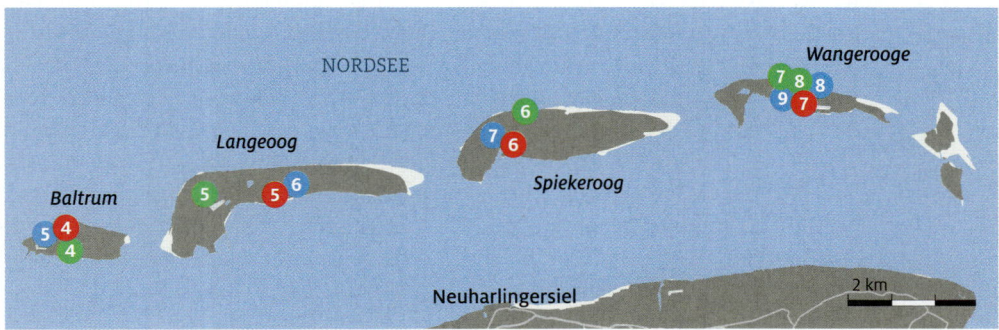

FOTOS: DIDDO RAMM (5), SABINE HINRICHS, ALBERTUS AKKERMANN, KEES VAN SURKSUM, TOURISMUS-SERVICE LANGEOOG, SKN DRUCK UND VERLAG, H. TSCHANZ-HOFMANN/IMAGO IMAGES, UTE BRUNS/SKN, HANS BLOSSEY/IMAGO IMAGES, CHRISTIAN BÄCK/HUBER IMAGES, CONBOOK (2); KARTEN: MAPS4NEWS.COM/©HERE

ÜBERNACHTEN

1 Strandhotel, Borkum
Die größte Insel mit den meisten Angeboten: Das Strandhotel Vier Jahreszeiten sorgt mit beheiztem Außenpool und Wellnessbereich für ostfriesische Entschleunigung.
ⓔ DZ ab ca. 144 Euro
⊕ *strand-hotel.com*

2 Haus Marie Luise, Juist
Ute Buss führt das Kleinod mit seinen sechs stilvoll schlichten Doppelzimmern (zwei davon behindertengerecht) mit viel Herzblut. Das gute Frühstück auf der Veranda mit herrlichem Wattblick ist im Preis inbegriffen.
ⓔ DZ ab 130 Euro
⊕ *marieluise-juist.de*

3 Haus am Meer, Norderney
1922 eröffnete das Dresdner Ehepaar Max und Else Siede das Hotel auf Norderney, das sich mittlerweile über drei Häuser erstreckt und in dritter Generation geführt wird.
ⓔ DZ ab ca. 180 Euro
⊕ *haus-am-meer-norderney.de*

4 Strandhof, Baltrum
Zwischen Salzwiesen und Flutsaum liegt das Backsteingebäude.

Am besten schmeckt das Frühstück auf der Sonnenterrasse mit Blick aufs Wattenmeer.
ⓔ DZ ab ca. 134 Euro
⊕ *strandhof-baltrum.de*

5 Dünenläufer, Langeoog
Im Inselkern Langeoogs liegt das 1901 erbaute Traditionshaus und trotzdem nur fünf Gehminuten vom traumhaften Sandstrand entfernt. Familiär, 17 Zimmer.
ⓔ DZ ab ca. 145 Euro
⊕ *dünenläufer.de*

6 Künstlerherberge, Spiekeroog
Wer in dem gemütlichen Garten sitzt, vergisst glatt, dass es nur zwölf Gehminuten zum Strand sind. Neben Zimmern werden auch Apartments angeboten. Allergikertauglich von der Einrichtung bis zum Essen.
ⓔ DZ ab ca. 125 Euro
⊕ *kuenstlerherberge-spiekeroog.de*

7 Parkhotel, Wangerooge
Mitten im Park steht die gelb getünchte Villa mit ihren 26 Zimmern. Wer möchte, trainiert nach dem Strandtag im Fitnessbereich und entspannt in einer der beiden Saunen.
ⓔ DZ ab ca. 82 Euro
⊕ *wangerooge-hotel.de*

ESSEN & TRINKEN

1 Geeske & der swarte Roelf, Borkum
Das weltbeste Backfischbrötchen, Sundowner mit Ausblick, drinnen am Fenster oder draußen? Im liebevoll eingerichteten Lokal an der Strandpromenade geht alles von Frühstück bis spät.
⊕ *diegeeske.de*

2 Domäne Bill, Juist
Schon wegen des daumendick geschnittenen, duftenden Krintstuut (Rosinenbrot) lohnt sich der Besuch von Helga und Sven Ahrends' urgemütlichem Ausflugslokal im Westen der Insel.
⊕ Facebook: *Domäne Bill Juist*

3 Milchbar, Norderney
Der Milchreis ist Pflicht. Das liegt an dem schönen, zum Teil unter Denkmalschutz stehenden Gebäude und den Loungesesseln, in denen der Sonnenuntergang so gemütlich ist.
⊕ *milchbar-norderney.de*

4 Café Kluntje, Baltrum
Urgemütlich und wie bei Großmutter zu Hause geht es im weißgetünchten Café zu. Dort gibt es fantastischen Kuchen und leckere Waffeln. Am besten

schmeckt es natürlich im lauschigen Garten.
⊕ *kluntje.com*

5 Weinperle, Langeoog
Dafür, dass Gäste ihren Tag entspannt beim Wein ausklingen lassen können, sorgt der gelernte Winzer Bernd Frech, der nach Reisen um die Welt auf Langeoog seinen Hafen gefunden hat.
⊕ *weinperle-langeoog.de*

6 Inselbäckerei, Spiekeroog
Die Inselbäckerei bietet die feinsten Backwaren von der Sanddornschnitte und Friesentorte bis hin zu originalem Ostfriesentee vom Stövchen.
⊕ *inselbaeckerei.de*

7 Digger's, Wangerooge
Urige Kneipe mit urigem Kneipier, der eine Ikone auf der Insel ist. Hier ist immer was los, der Blick mit dem Cocktail geht auf die großen Pötte, die es Richtung Elbe und Weser zieht.
⊕ *diggers.pub*

8 Eistipp: Bistro am Strand, Wangerooge
Die Eis-Manufaktur ist eine Institution, mittlerweile gibt es 70 Sorten. 15 davon stellen Ronja Fokkena und ihr Mann täglich frisch her – und die sind eine Überfahrt nach Wangerooge wert.
⊕ *bistro-am-strand.de*

INFORMATIONEN

Weitere Tipps finden Sie online:
⊕ *borkum.de, juist.de, norderney.de, baltrum.de, langeoog.de, spiekeroog.de, wangerooge.de, ostfriesische-inseln.de*

Seit über 25 Jahren besinge ich nun an der Seite meines „großen Klauses" die Nordseeküste, die es wirklich verdient hat, denn sie ist ungeheuer vielseitig und überall schön und einzigartig. Aber wenn man mich fragt, welches mein liebstes Fleckchen Erde ist, das von der Nordsee umspült wird, dann schweigt die Diplomatie und ich mach' 'ne klare Ansage: Helgoland! Hier nun ein ganz persönlicher Blick auf meine Lieblingsinsel.

Spezialität: Knieper

Als Hamburger reise ich mit dem Katamaran „Hallunder Jet" an, der in der Saison von Ende März bis Ende Oktober fährt und mit seinen über 12.000 PS und modernster Antriebstechnik aus dem Hause Rolls-Royce nur dreieinhalb Stunden für die 80 Seemeilen braucht. Die Fahrt durch den Hamburger Hafen und die Elbe hinunter ist für sich schon ein Highlight. Um 9 Uhr geht's an den Landungsbrücken los und hinter Cuxhaven knattert man schon über die Deutsche Bucht und schnuppert die erste Nordseeluft.

Gegen 12:30 Uhr kommt dann die Hauptinsel von Helgoland in Sicht. Während man in früheren Zeiten noch von liebevoll zupackenden Insulanern in die offenen Börteboote und dann an Land verfrachtet wurde,

Claas Vogt (57) ist seit 25 Jahren der „neue" kleine Klaus von Klaus & Klaus und tritt außerdem mit seiner Band „8 to the Bar" auf. Er lebt und arbeitet in Hamburg und fährt jedes Jahr nach Helgoland in den Urlaub.

legt der Katamaran heute im Südhafen an (wer gerne noch das Abenteuer des „Ausbootens" erleben möchte, kann mit der „Fair Lady" von Bremerhaven aus anreisen). Von dort aus führt der Weg zum Zentrum an den malerischen Hummerbuden vorbei und hier ist für mich schon immer der erste Stopp, denn hier gibt es eine Helgoländer Spezialität, die man sich nicht entgehen lassen darf: den Knieper. Es handelt sich um die Scheren des Taschenkrebses, die auf einer stabilen Platte im Ganzen serviert werden. Bevor man in den Genuss des köstlichen Fleisches kommt, muss man die Scheren erstmal mit einem soliden Hammer zertrümmern, möglichst ohne dass die eigenen Finger etwas abbekommen, oder man den Inhalt der Scheren auf eigenen oder fremden Kleidungsstücken verteilt. Habe ich ausprobiert – Abenteuerurlaub pur.

So gestärkt steht schon die nächste Entscheidung an: ausgiebig durch die Geschäfte bummeln und günstige Schnäppchen jagen, denn sowohl die klassischen Duty-Free-Artikel wie Alkohol, Tabakwaren oder Kosmetikartikel als auch Uhren, Schmuck, Kleidung und Fotoartikel

sind durch die entfallende Mehrwertsteuer günstiger als auf dem Festland. Und natürlich gibt es auch reichlich Souvenirs für jeden Geschmack und Geldbeutel zu erwerben.

Oder – und das ist mein Favorit – die Einkäufe schnell erledigen und die Zeit für einen Ausflug auf die Düne oder das Oberland nutzen. Letzteres erreiche ich über eine Treppe, die mich nicht ganz freiwillig an meine Altbauwohnung im dritten Stock erinnert. Aber von der „Bergstation" aus hat man einen herrlichen Blick über die Badestrände der Düne und den rot-weiß gestreiften Leuchtturm.

Whisky am Donnerstag

Im Helgoländer Oberland gibt es einiges zu entdecken. Hier beginnen die Wanderwege zu den Vogelbrutfelsen und der Langen Anna, einem der Wahrzeichen der Insel. Es gibt den höchsten Berg

inklusive Gipfelkreuz und den wesentlich höheren Leuchtturm zu bestaunen. Und es gibt freilaufende Galloway-Rinder und Schafe, die als Rasenmäher dienen. Aber ich habe heute etwas anderes vor, einen perfekten Helgoland-Abend nach meinem Geschmack. Es muss ein Donnerstag sein, denn Donnerstagnachmittag veranstaltet Heiner Stepper in seinem Laden sein legendäres Whisky-Tasting. Der Mann liebt seinen Beruf und hat so viel zu erzählen, einen besseren Start in den Abend gibt es nicht. Eigentlich müsste ich schon eine Whisky-Sammlung

haben, aber wenn es doch so gut schmeckt. Und dann habe ich auch schon wieder Hunger.

Camping auf der Düne

Auf Helgoland einen Platz im Restaurant zu bekommen, ist nicht anders als in Hamburg an einem freien Tag. Darum habe ich schon rechtzeitig vorher einen Tisch im Hotel Mocca-Stuben reserviert und genieße ein herrliches Fischgericht. Anschließend geht es weiter in Deutschlands älteste Diskothek mit Namen Krebs (nach ihrem Besitzer). Am schwierigsten ist es, jetzt die Zeit im Auge

zu behalten, denn schließlich muss ich die letzte Fähre zur Düne erwischen. Dort gibt es Naturstrände mit Kegelrobben, Seehunden und Strandkörben zu entdecken, man kann Bernstein finden und den roten Feuerstein, den es nur auf Helgoland gibt. Aber heute Abend bin ich froh, wenn ich mein Zelt finde, denn ich gehöre mittlerweile zu der verschworenen Gemeinschaft von Campern, die auf der Düne jährlich im norddeutschen Sommer Sturm, Regen und den räuberischen Möwen trotzen, und komme jedes Jahr wieder auf die schönste Insel der Welt.

Nur auf Helgoland!

„An der Nordseeküste" – wer kennt nicht den Hit von Klaus & Klaus?
Privat reist der „kleine Klaus" jedoch am liebsten
nach Helgoland, auf Deutschlands einzige Hochseeinsel

Text Claas Vogt

Friesen-Aroma

Ostfriesland ist von langen Küsten und Weideland geprägt: zwei
Familien, die das kulinarische Erbe mit Hingabe pflegen

Text Uwe Killing

Die Emder Fischtradition

Bei Klaassen werden beliebte Köstlichkeiten aus dem Meer fangfrisch zubereitet

Fisch von Klaassen: Der ist in der Hafenstadt Emden so lecker und verlässlich frisch wie das Kommen und Gehen der Gezeiten. Das hellblau gefliese Geschäft, geführt in vierter Generation, befindet sich in der Auricher Straße. Dort ist die Arbeitsteilung klar. Vorne hinter der Theke steht Petra Klaassen, die nicht nur Geräuchertes und Mariniertes aus der Auslage holt. Es bleibt immer noch Zeit, um mit Kunden zu reden oder die gerade freitags lange Warteschlange mit einer humorvollen Bemerkung aufzulockern. Es sind viele Stammgäste, die das mittlerweile letzte Emder Fischgeschäft aufsuchen. „Wir kennen sie fast alle. Manche Familien kommen schon in der zweiten und dritten Generation", sagt Petra Klaassen. Ihr Mann

Dieter hält sich im Hintergrund, im Kühlreich, auf, wo er Rotbarsch filetiert oder eine Dorade entgrätet. Als der Großvater von Dieter Klaassen die Emder versorgte, hatte es noch mehr als ein Dutzend Fisch-Geschäfte gegeben. Um sich gegenüber der Konkurrenz von Tiefkühlkost und Supermarkt zu behaupten, setzt Fisch Klaassen (14 Mitarbeiter) auch auf selbst kreierte Salate und Neuheiten wie den „Fischbruzzler" zum Grillen. Außerdem entwickelte Junior Matthias 2009 die Idee für einen Online-Versand in speziellen Thermoboxen. So landet der Fisch von Klaassen – bei rund 20.000 jährlichen Lieferungen – längst auch außerhalb von Emden ganz frisch auf dem Tisch.
emder-fisch-feinkost.de

Geschmorte Heimatliebe

Kochbuch-Autorin Karin Kramer bewahrt die ostfriesische Küchentradition

Alle packen mit an. Auch Fokko Kramer. Der Landwirt, der im Emsdorf Coldemüntje einen Aufzuchtstall für Milchkühe betreibt, reibt dann am Küchentisch Kartoffeln. Es sind die Tage, an denen Ehefrau Karin die Hofküche in ein Koch- und Fotostudio verwandelt. Die gelernte Hauswirtschaftsmeisterin hat schon mehrere Koch- und Backbücher herausgebracht. Hierfür sammelt Karin Kramer alte Familienrezepte in ganz Ostfriesland: „Ich lese diese aufgestöberten Sammlungen wie andere Menschen Romane." So ein Traditionsgericht ist der Snirtjebraten. Er stammt aus der Zeit, als Eigenversorgung und Hausschlachtungen noch den Alltag auf dem Land prägten. Während auch die Nachbarn beim Wursten halfen, wurden die ersten Stücke vom morgens geschlachteten Schwein in Marinade gelegt, um sie abends gut und würzig durchgeschmort in großer Runde zu essen. Vom Festbraten über Hagebuttensuppe bis zum Steckrübeneintopf: Die Köchin probiert die alten Rezepte auf Basis saisonaler Produkte durch und erhält sie, indem sie diese mit individuellen, auch neuen gesundheitswussten Noten versieht („Ostfriesland kocht", Ostfriesland Verlag). Karin Kramers Gabe, ihr Wissen unterhaltsam zu vermitteln, kann man auf Schloss Evenburg in Leer erleben: Als „Köchin Gertrude" leitet sie dort regelmäßig historische Führungen – und erzählt im ostfriesischen Plattdeutsch auch die Geschichte vom „Snirtjebraa". *schloss-evenburg.de*

FOTOS: SKN DRUCK UND VERLAG

Bratzeit
Karin Kramer in
ihrer Hofküche.
Eine Spezialität:
der Snirtjebraten
mit Klößen, Rot-
kohl und Soße

Nu is Teetied!

Tee ist in Ostfriesland viel mehr als nur ein Getränk: Tee ist Tradition und Kultur, Geselligkeit und Entschleunigung. Bei einer echten ostfriesischen Teezeremonie gibt es ein paar Feinheiten zu beachten

Text Kirsten Rick **Fotos** Gregor Lengler

Ich habe einen Ostfriesen den Tee umrühren sehen. Warum das so verwirrend, so unvorstellbar ist, werden Sie nach diesem Text verstehen. Tee ist für Ostfriesen eine ernste Sache. Ein Nationalgetränk. Die Ostfriesen sind ganz offiziell Weltmeister im Teetrinken. Pro Kopf und Jahr werden rund 300 Liter konsumiert, damit liegt die Region weit vor der Türkei und England. Der restliche Teil Deutschlands kommt nur auf durchschnittlich 28 Liter pro Kopf.

Im Teemuseum in Norden, das sich verwinkelt über fünf historische Häuser erstreckt, präsentiert Frau Bardelmeier die ostfriesische Teezeremonie. Sie serviert uns „lecker Kopje Tee" und viel Hintergrundwissen. Denn Tee wird hier nicht einfach so getrunken: Die ostfriesische Teezeremonie ist ein von der UNESCO anerkanntes Immaterielles Kulturerbe.

Auf eine echte ostfriesische Teetafel gehören eine dickbauchige Porzellankanne auf einem Stövchen, zierliche Teetassen

So wird der Tee richtig genossen

1 Die süße Basis: Ein großes Stück Kandis (Kluntje) mit der Kluntjezange packen und in die Tasse legen.

3 Die Sahne mit dem Rahmlöffel langsam am Innenrand der Tasse in den Tee laufen lassen. Gegen den Uhrzeigersinn, das hält die Zeit an.

4 Einen Moment innehalten, der Tasse die volle Aufmerksamkeit schenken und beobachten, wie die Wulkjes (die Sahnewolken) aufsteigen. Eine Meditation im Mikrokosmos.

– keine Becher! – mit einem kleinen Löffel, ein Kluntjepott voller Kandis nebst Kluntjezange und ein Sahnekännchen mit „Rohmlepel", der aussieht wie eine winzige Suppenkelle. Zum Tee kann man „Krintstuten" essen, Rosinenbrot aus Hefeteig, mit reichlich Butter bestrichen.

Tee ist Gemütlichkeit

Echt ist der Ostfriesentee nur, wenn er in Ostfriesland gemischt wurde. In der Mischung steckt die ganze Kunst: Die Teeverkoster der Teehandelshäuser probieren

2 Tee eingießen – mit Bedacht. Das Knacken und Knistern des Kluntje – das Lieblingsgeräusch der Ostfriesen – zeigt an, dass der Tee heiß genug ist. Die Tasse wird nur ungefähr halb voll gegossen.

mehrere Hundert Tees einer Ernte. Das Ergebnis – eine feine Cuvée, die den Geschmack vor allem Assam-Tees zu verdanken hat – muss in jedem Jahr zuverlässig gleich ausfallen. Thiele, Bünting und Onno Behrends sind die drei bekannten Marken. Welcher Tee in die Kanne kommt, bestimmt die Familientradition.

Frau Bardelmeier spült die Kanne vorher mit heißem Wasser aus, „damit sie sich nicht erschreckt". Drei Messlöffel losen Tee lässt sie hineinrieseln und gibt kochendes Wasser darauf, aber nur so viel, bis die Blätter gerade bedeckt sind. Drei bis fünf Minuten darf der Tee so ziehen, dann wird er mit heißem Wasser aufgefüllt. Ein Tüllensieb, das aussieht wie ein kleiner Besen, verhindert, dass beim Einschenken die Teeblätter in die Tasse fallen. Zuerst kommt der Kluntje, dann der Tee und zuletzt die Sahne. Pause. Ganz in Ruhe den Wulkjes (Sahnewölkchen) beim Aufsteigen zusehen.

Halt! Den Griff zum Löffel können Sie sich sparen: Umgerührt wird nicht! Sie wollen doch das Kunstwerk nicht zerstören. Genossen wird der Tee schichtweise, in drei Stockwerken – ein fein abgestuftes Geschmackserlebnis: zunächst der milde Tee mit dem Rahm, dann der kräftige, dunkle Schwarztee, zuletzt der zuckersüße Abgang.

Dieses Prozedere wiederholt man, denn „dree is Ostfreesenrecht": Drei Tassen werden mindestens getrunken. Und das in aller Ruhe. Teetrinken, das ist Gemütlichkeit. Das ist Zeit zum Reden. „Ja, denn erzähl mal eben", heißt es dann. Die „Teetied" strukturiert den Tag und schenkt Momente der Muße. Bei manchen Ostfriesen findet sie täglich sechsmal statt, das „Elführtje" am späten Vormittag und der Nachmittagstee um 15 Uhr sind die wichtigsten Zeiten.

Und warum liegt da ein Löffel neben der Tasse? Der Löffel beendet die Teetied. Wer den Löffel in die Tasse stellt, signalisiert damit, dass er genug hat.

Wer der Ostfriese war, der den Tee umgerührt hat, verrate ich lieber nicht. Wer weiß, was das für Konsequenzen hätte.

Die **ostfriesische Teezeremonie** können Sie im Teemuseum in Norden genießen (*teemuseum.de*). Oder bei einer Teestunde mit Gisela im Haus des Gastes in Neuharlingersiel (*neuharlingersiel.de*).

Watt mit Mord

Er legt seine Leichen mit Vorliebe dort ab, wo Menschen gerne
Urlaub machen: Eine Begegnung mit dem Ostfriesenkiller
Klaus-Peter Wolf, Deutschlands beliebtestem Krimiautoren

Text Uwe Killing   **Fotos** Gregor Lengler

Menschenfänger
Klaus-Peter Wolf: Wahlost-
friese mit dem Gespür für
Humor und Spannung

Krimifutter
Seehund aus
Marzipan: ein Muss für
die Ostfriesenseele

Coverstar
Standfest in Norden:
Plakatwand mit den
Wolf-Bestsellern

Handarbeit
Wolf signiert und
dichtet ausschließlich
mit dem Füller

„Darf ich fragen, was Sie machen?" – „Sie stören gerade einen Serienkiller bei der Arbeit – ich bin Schriftsteller."

Norden ist eine Stadt der Cafés. Sie bietet alteingesessene Konditoreien, in denen zum Tee die mit betrunkenen Rosinen gespickte Ostfriesentorte serviert wird. Hinzu kommen italienische Eisdielen, vor denen sich im Sommer lange Schlangen bilden. Und es gibt das Café ten Cate mit seiner prächtig verzierten Fassade aus dem Jahr 1878, wo Klaus-Peter Wolf zuhause ist.

Das Café wird in fünfter Generation von Jörg Tapper geführt. Der Hausherr empfängt uns in seiner gestärkten weißen Konditormeisterjacke. Und mit einem offenherzigen Lächeln. Man spürt sofort: Es ist „der Jörg", der auch viele seiner Gäste mit Vornamen anspricht. Den Moment, als er Klaus-Peter Wolf kennenlernte, hat er verinnerlicht: „Dieser bärtige Herr kam regelmäßig, saß am Fenster und war schweigend in seine Notizen vertieft." Jörg Tapper fasste sich ein Herz: „Darf ich fragen, was Sie machen?" Das war vor 20 Jahren. Nun stehen beide Männer schmunzelnd nebeneinander. Klaus-Peter Wolf greift die Szene von damals mit sanft brummiger Stimme wieder auf: „Sie stören gerade einen Serienkiller bei der Arbeit – ich bin Schriftsteller."

Trockener Ruhrgebietshumor traf auf ostfriesische Bodenständigkeit. Mit Folgen: Der in Gelsenkirchen aufgewachsene Autor und der Konditor aus Norden sind nicht nur enge Freunde geworden. Jörg Tapper spielt mit seiner Frau Monika, seinen Süßwaren und seiner Lebensklugheit eine tragende Rolle im einzigartigen Ostfriesenkrimi-Kosmos. „Das Marzipan ist nicht von dieser Welt", erinnert sich Wolf an den Augenblick, als er zum ersten Mal in ein langes Stück in Form eines Seehundes gebissen hat. Genau diesen Satz hat sich Ubbo Heide, der langjährige Kripochef in Wolfs Romanen, zu eigen gemacht. Wenn das Team um Ermittlerin Ann Kathrin Klaasen, dessen 16. Fall („Ostfriesensturm") jüngst erschienen ist, Aufmunterung benötigt, ist der väterliche Chef

zur Stelle. Er verteilt dann gerne süße Seehunde oder auch beruhigende Nougat-Trüffel-Kugeln, die vom Konditormeister „Deichgraf" getauft wurden.

Sobald Klaus-Peter Wolf das Café ten Cate betritt, wird der Mann mit den leuchtend roten Hosenträgern über dem marineblauen Hemd von allen Gästen sofort erkannt. Zwischen Pralinen in Geschenkboxen stehen griffbereit Wolf-Romane, die der Autor bereitwillig signiert. Eine Frau, die ihn um ein Selfie bittet, erhält ihr Foto mit dem lächelnden Hinweis: „Ich würde mich über einen kleinen Beitrag für das Hospiz am

Süße Kugeln
Klaus-Peter Wolf mit Freund und Konditor Jörg Tapper im Café ten Cate

Klaus-Peter Wolf

Der Schriftsteller wurde 1954 in Gelsenkirchen geboren. Er machte sich mit sozialkritischen Stoffen, Jugendromanen und als Drehbuchautor fürs Fernsehen einen Namen. Seit 2003 wohnt er in der Stadt Norden, wo er die Ostfriesenkrimi-Reihe erfand. Die 16 Fälle (Fischer Verlag) erzielten bislang eine Rekordauflage von 16,5 Millionen Exemplaren, wurden in 24 Sprachen übersetzt. Ebenso erfolgreich sind die Hörbücher und TV-Filme (ZDF-Samstagabendkrimi). *klauspeterwolf.de*

Meer freuen." Wolf hat für das Projekt die Patenschaft übernommen. Die Spendendose steht auf der Kuchentheke. Deutschlands erfolgreichster Kriminalautor hat das Traditionscafé in der schnuckeligen Nordener Fußgängerzone zum Wolf-Reich gemacht – eine Dichterstube mit Zuckerguss, ein Wohnzimmer und Pilgerort.

Seine große Sehnsucht: die Nordsee
Klaus-Peter Wolf und seine Frau Bettina Göschl wohnen im Stadtteil Norddeich, in der gleichen Straße wie seine Kommissarin Ann Kathrin Klaasen: „Wir hatten uns vorher etliche Häuser angesehen. Doch als wir hier standen, wussten wir sofort: Das ist es." Das Paar war 2003 von Köln nach Norden gezogen, um einen Rückzugsort in ihrem recht rastlosen Leben zu finden. Wolf absolvierte bis zu 250 Lesungen im Jahr. Seine Frau, Liedermacherin und Kinderbuchautorin, begleitete ihn oft auf seinen Touren. In Ostfriesland hatte das Paar viele Urlaube verbracht, für Klaus-Peter Wolf war es zudem ein Ort seiner Kindheitsträume: „Ich hatte einen ostfriesischen Onkel, Heinz Warfsmann, der war zur See gefahren, aber wegen der Liebe in Gelsenkirchen gelandet. Als ich mit Asthma kämpfte, sagte Onkel Heinz: ,Das Kind braucht Meerluft.' Dort konnte ich dann frei atmen – eine prägende Erfahrung."

Wolf war oft an die Küste gefahren, um einen Roman oder ein Drehbuch für TV-Krimis wie „Tatort" und „Polizeiruf 110" zu vollenden. Oder auch um Schreibblockaden am weiten Horizont zu lösen: „Aufgrund des Wechselspiels von Ebbe und Flut ist jeder Blick aufs Meer ein anderer. Und auch jede Insel ist anders. Langeoog und Wangerooge liebe ich besonders." Als sich der Meeresliebhaber fest in Norden niederließ, habe er vorgehabt, einen auf mehrere Bände angelegten gesellschaftspolitischen Fortsetzungsroman zu schreiben – „ein Spiegelbild der Zeit und Kaleidoskop von Menschen, ihren Ängsten, Verwirrungen und Hoffnungen."

Ostfriesenschlaf
Probe liegen: der Autor in
der Klaus-Peter-Wolf-Suite
im Hotel Smutje in Norden

„Ein Verbrechen an einem dunklen Ort in der Stadt, wo es auch noch übel riecht? Gähn, gähn"

Bei einem Deichspaziergang kam ihm die Kommissarin Ann Kathrin Claasen in den Sinn. Ein herb-herzlicher Charakter, wie ihr Erfinder in Gelsenkirchen geboren und auf wundersame Art mit den Ureinwohnern harmonierend. „Der Kriminalroman ist der perfekte Gesellschaftsroman. Wir blicken in Seelenabgründe, fragen uns: Warum wird ein Mensch zum Mörder? Könnte mir das auch passieren?", sagt der 68-Jährige, „die Grenzen zwischen Gut und Böse geraten durcheinander." Seit der Premiere im Jahr 2007 mit dem Roman „Ostfriesenkiller" schaffte es fast jeder

neue Roman auf Platz eins der „Spiegel"-Bestsellerliste. Leichenfunde am Strand, an idyllischen Inselflecken und in entlegenen Ferienwohnungen sorgen für wohlige Schauer in einer großen, treuen Fangemeinde.

Fiktive Morde mit realen Figuren
„Kunst lebt von Kontrasten. Ein Verbrechen an einem dunklen Ort in der Stadt, wo es auch noch übel riecht? Gähn, gähn", sagt Wolf. Für ihn ist es existenziell, dass außer den Taten in seinen Stoffen alles echt ist. Seine Figuren wie Café-Besitzer Jörg Tapper, Lokalreporter

Holger Bloem oder Maurer Peter Grendel haben lebende Vorbilder, mit denen sich der Autor intensiv austauscht. „Sie haben Mitspracherecht, bei den Büchern und TV-Verfilmungen." Alle Orte existieren. Fans schreiben ihm, dass sie über die Krimis neue Ausflugsziele kennengelernt haben: „Nachdem ich selbst auf den wunderschönen Schlosspark des Wasserschlosses Lütetsburg gestoßen bin, musste ich dort eine Leiche ablegen."

Vom Krimiautor zum Botschafter
Klaus-Peter Wolf ist längst ein Ostfriesenbotschafter, der mit Lesungen und geführten Touren vor Ort sehr präsent ist. Ein allürenfreier Autor zum Anfassen – was ihn mit seinen Figuren verbindet. Es sind Menschen, mit denen sich viele Leserinnen und Leser identifizieren können. Wolf stammt aus einfachen Verhältnissen, sein alkoholkranker Vater fuhr Lastwagen, seine Mutter betrieb einen Friseurladen. Seine Sprache ist prägnant und lebendig. „Ich möchte so schreiben, dass mich die Putzfrau versteht, aber der Professor es auch spannend findet."

Im Café ten Cate nimmt gegen Mittag der Andrang zu. Klaus-Peter Wolf kommt mit dem Signieren kaum nach. Für eine Gruppe nimmt er sich etwas mehr Zeit. Der aus Rostock angereiste Frauenliteraturkreis bleibt mehrere Tage. Zu den besuchten Originalschauplätzen gehört auch das wenige Hundert Meter entfernte Hotel-Restaurant Smutje, wo der Autor und – natürlich – sein Kripoteam ein- und ausgehen. Spezialität des Hauses: Deichlamm. Wolf: „Ich habe es vor Jahren zum ersten Mal gegessen und mich danach vor den Koch Frank Weiß gekniet: ‚Zeig mir, wie du das gemacht hast.' Seitdem ist Deichlamm mit dicken Bohnen ein Standardgericht, wenn wir Gäste haben."

Das ist ein Wolf-Talent, das neben den Bestsellerautoren, Hörbuchsprecher und Touristenguide in der Wahrnehmung noch etwas zu kurz kommt: Der Ostfriesenkiller soll ein mörderisch guter Koch sein.

— Das Original —

Wind und Wetter

Der quietschgelbe Mantel trotzt seit Generationen Sturm, Regen und Modetrends

Text Manu Schmickler

Außen leuchtend gelb, innen dunkelblau: So muss er aussehen, der echte Ostfriesennerz. Unter diesem Namen ist er bekannt, landauf, landab – und bis Mitte der 1980er-Jahre gab es vermutlich kaum einen Schrank, in dem dieser Kurzmantel nicht hing. Kein Wunder: Es war die einzige Regenjacke, die einen auch in Sturmgebraus und Starkregen trocken hielt. Und im Gegensatz zum Ölzeug, das mit Öl oder Wachs regelmäßig wieder imprägniert werden musste, ist der Ostfriesennerz mit einer Kautschuk- oder PVC-Schicht überzogen. Der hält also was aus und ist dabei pflegeleicht.

Stilecht hat diese Jacke eine große Kapuze mit Kordelzug und zwei große Taschen mit Patten, einen langen Reißverschluss hinter einer Druckknopfleiste und je zwei Knöpfe an den Ärmelenden, um die Weite zu regulieren. Wer möchte, kann auch die blaue Seite nach außen tragen. Das ist aber auch schon der einzige Luxus.

Das Spannende am Ostfriesennerz ist, dass er in den Köpfen so fest verbunden mit einem Landstrich ist, aus dem er gar nicht stammt. Man vermutet, dass die wettertrotzende Bekleidung im Zuge der Ostfriesenwitz-Welle einfach umbenannt wurde. Denn er entstand nicht einmal in Deutschland, sondern in Dänemark, nämlich in Hørve, einer Kleinstadt bei Kopenhagen. Dort hatte Jan E. Ansteen Nielsson 1958 ein Sportbekleidungsunternehmen namens Jeantex gegründet, um Wetterfestes für Radler und Segler herzustellen. 1965 kam dann die knallgelbe Jacke ins Programm: Baumwolle mit einer wasserfesten Beschichtung, Luft kommt auch nicht durch. Perfekt also für Küstenwetter und jede steife Brise.

An die Füße noch ein Paar Gummistiefel, in die Hand eine Schaufel, dann konnten auch Schlechtwetterlagen in den Ferien am norddeutschen Strand nicht vom Buddeln und Burgenbauen abhalten. Und weil der Friesennerz von ungefähr jedem in Deutschland getragen wurde, da er wetterfest und günstig war – in den 1970er-Jahren war die Erwachsenengröße für 20 Mark zu haben –, wurde die Fabrik in Dänemark zu klein. Bis 2010 wurden in Rellingen bei Hamburg die original Jeantex-Friesennerze hergestellt.

Dann fand sich leider niemand, der die Firma übernehmen wollte und so wurde sie geschlossen. Der Ostfriesennerz aber lebt weiter: Mittlerweile gibt es viele Formen, Farben und Marken. Mit kleinen Wappen und gemustertem Innenfutter. Aber der echte bleibt unisex, ohne Schnickschnack und wird von einer Firma aus Wittmund hergestellt. Und damit ist der Ostfriesennerz nun endlich ein echter Ostfriese.

Echt praktisch
Sylvie Gühmann, gebürtige Ostfriesin, trägt Ostfriesennerz

FOTO: JUANITA ROMERO

Das Tor zum Süden

Das Tessin fasziniert mit Bergen, Seen und heiter-elegantem Lifestyle. Hier ist jeder Moment ein Genuss!

Südlich der Alpen beginnt das süße Leben: Mediterraner Charme verbindet sich mit elegantem Lifestyle – vor grandioser Bergkulisse. Orte wie Ascona und Lugano bezaubern mit heiterer Eleganz. Der Lago Maggiore glitzert in der Sonne. In mildem Klima wandern wir entlang blühender Seepromenaden und über Alpenweiden. Wir schlendern durch Olivenhaine und über bunte Märkte. Wir entdecken mittelalterliche Burgen und speisen im typischen Grotto an Tischen und Bänken aus Granit. Es ist ein Genuss, zu erleben, wie Schweizer Qualität auf italienische Leichtigkeit trifft – im Tessin stimmt einfach alles! **ticino.ch**

Editor's Choice

Frische Harzküche
Ronny Kallmeyer
kocht im Gotischen
Haus neben dem
Wernigeroder Rathaus

Wernigerode / Sachsen-Anhalt
Gaststuben Gothisches Haus
(*travelcharme.com*)

Wald und Harzer Tapas

Am mittelalterlichen Marktplatz von Wernigerode
hebt Koch Ronny Kallmeyer die Kulinarik
des Harzes auf ein neues feines Level

Text Uwe Killing

Bunt gestrichenes Fachwerk, rundum. Und wer hochblickt, entdeckt überall kunstvoll geschnitzte Holzfiguren. Viele Häuserwände haben sich im Laufe der Jahrhunderte gebogen: Es gibt wenige Plätze in Deutschland, in denen der mittelalterliche Charakter so gut erhalten ist wie in Wernigerode. Im Zentrum des Marktplatzes: das Gothische Haus. Während die Fassaden des mehrere Gebäude umfassenden Baudenkmals von alten Zeiten im Ostharz erzählen, kann man sich drinnen ganz auf der Höhe der Zeit verwöhnen lassen. Küchenchef Ronny Kallmeyer hat daran großen Anteil.

„Ich mag es gerne klassisch", sagt Ronny Kallmeyer, als er lächelnd in der Tür steht. Rustikal und behaglich ist es hier in der Bohlenstube, die im Mittelalter zu den wenigen beheizten Räumen zählte und heute gerne für festliche Tafeln genutzt wird. Zum Reich des 42-jährigen Kochs zählen zudem der Rittersaal, die Hexenstube, das kerzenbeleuchtete Weingewölbe und ein großer Wintergarten. Auf der Karte finden sich vornehmlich regionale Produkte – vom Rinderfilet des Harzer Rotviehs bis zur Forelle aus dem nahen Wendefurth. Kallmeyer: „Es geht mir jedoch darum, die klassische Küche moderner und auch leichter umzusetzen."

Vom Brauhaus zum Genusshotel
Die Geschichte ist allgegenwärtig in dem Wellness- und Genusshotel, das eine bis ins 15. Jahrhundert zurückgehende Gasthaustradition hat. Verschiedene Brauer erweiterten den Fachwerkbau, der im Gegensatz zum benachbarten Rathaus alle Brände in der Stadtgeschichte unbeschadet überstanden hat. In DDR-Zeiten verblasste die Aura des als HO-Gaststätte genutzten Hauses.

Uwe Killing
hat bei einer Wanderung auf dem Harzer Hexenstieg Rast
im Gothischen Haus gemacht – und wurde dort sehr verwöhnt

Kulinarik

Dieses schloss kurz vor der Wende und wurde erst in den Neunzigerjahren nach umfassender Renovierung wieder eröffnet.

Ronny Kallmeyer, in Wernigerode geboren, ist seit 2011 Küchenchef in dem zur Marke Travel Charme gehörenden Hotel, in dem die einzigartige Tradition nicht museal gepflegt wird. Holzbalken und historisches Mobilar harmonieren mit hellen, zeitgemäßen Elementen, der Wellnessbereich sorgt für exquisite Entspannung. In diese Atmosphäre fügt sich wunderbar die Kulinarik. Die regionale Verwurzelung ist zu schmecken – genau wie Erfahrungsschatz und Originalität, mit denen der in seinen Lehrjahren weitgereiste Koch (u. a. Hamburg und Spanien) seine Gerichte sehr spielerisch anreichert. Seine „Harzer Tapas" bilden eine Entdeckungsreise, das beerenreiche Dessert „Im Wald" ist eine Offenbarung.

Für eine Wanderung zum Wernigeroder Schloss und Brocken bereitete der sympathisch bodenständige Koch die Lunchpakete sogar höchstpersönlich zu. Sie schmeckten abwechslungsreicher, köstlicher als mancher Hauptgang in einem Harzer Restaurant.

Historische Tafel Das Weingewölbe 1360 – eine der Gaststuben im Gothischen Haus

Riesling-Senfsuppe mit Weißwurst vom Aal

(Rezept für 4 Personen)

Im Harz gibt es eine dominante Würze – und das ist Senf. Koch Ronny Kallmeyer aus Wernigerode ist damit groß geworden. Seine weinselige Suppe ist in verfeinerter Anlehnung an das in der Region beliebte Senf-Ei entstanden. Die Besonderheit ist die Kombination aus Süße und Schärfe und der rauchigen Note der Aalweißwurst.

Riesling-Senfsuppe
Zutaten:
1 große Zwiebel, 1/2 l Riesling, 250 g Butter, 1 l Sahne, Dijon-Senf ca. 1 EL, Süßer Senf ca. 3 EL , Salz, Pfeffer

Zubereitung:
1. Zwiebeln pellen, schneiden und in der Butter anschwitzen. Mit dem Weißwein ablöschen und gut aufkochen lassen.

2. Sahne hinzugeben und etwas einkochen lassen. Würzen mit Salz und Pfeffer. Alles pürieren und durch ein Sieb geben.

3. Den Senf hineingeben. Die Sorte ist Geschmackssache. Er sollte jedoch eher eine süße Note haben (nur Dijon-Senf eignet sich nicht so gut). Die Suppe etwas stehen lassen, damit sich das Senfaroma voll entfalten kann.

Weißwurst vom Aal
Zutaten:
200 g Jakobsmuscheln, 100 ml Sahne, Salz, Dill, Pfeffer, 100 g Räucheraal

Zubereitung:
1. Jakobsmuscheln und Sahne zu einer Farce mixen. Geschnittenen Dill und gewürfelten Aal unterheben. Mit Salz und Pfeffer würzen.

2. Mit Klarsichtfolie zu einer Rolle (Zwei-Euro-Stück im Durchmesser) an den Enden zuknoten, danach in Alufolie rollen, gut zudrehen und bei 90 Grad 20 Minuten lang pochieren.

Kultur

Die Märcheninsel

Neues Museum: Auf Fünen wird die Welt von Hans Christian Andersen lebendig

Odense, Dänemark
H.C. Andersens Hus (Museum, bis
Ende Oktober täglich geöffnet)

Um zur kleinen Meerjungfrau zu gelangen, schreitet man zunächst durch einen Garten voller wilder Gräser und knorriger Bäume. Es ist eine märchenhaft wirkende Oase, die sich inmitten der Altstadt von Odense mit dem neuen H.C. Andersens Hus eröffnet.

Hans Christian Andersen (1805–1875), Sohn eines verarmten Schusters, wuchs in der größten Stadt der Insel Fünen auf und eroberte von hier aus die Literaturwelt. Das mutmaßliche Geburtshaus des größten dänischen Dichters ist in das Museum integriert. Mit diesem schuf der japanische Architekt Kengo Kuma ein weitläufiges Areal, auf dem nicht nur an das Leben und Werk des Autors erinnert wird. In den luftigen, mit viel Holz angelegten Gebäuden setzt sich die zauberhafte Aura des Außenbereichs fort. Via Animationen und interaktiven Angeboten können sich die Besucher in der Welt der berühmten Andersen-Märchen bewegen – von „Die kleine Meerjungfrau" bis „Die Prinzessin auf der Erbse". Das passiert mit viel Wissensstoff, der unterhaltsam und augenzwinkernd umgesetzt wird.

Man sollte den Besuch mit einer Rundreise über die Insel Fünen verbinden, weitere Lebensstationen (z. B. Schloss Broholm) besuchen – und nachspüren, was die Fantasie des jungen H. C. Andersen beflügelt hat. *hcandersenshus.dk*

Märchenwelt
H.C. Andersens Hus:
verborgen in der
Altstadt von Odense

Fünen – ein Gedicht
Der Schriftsteller Hans Christian Andersen
wuchs auf der Insel Fünen auf – genannt „der
grüne Garten des Königreichs Dänemark"

Uwe Killing
fragte sich als Kind, warum Prinzessinnen Erbsen unter dicken Kissen spüren. Das H.C. Andersens Hus klärte ihn nun auf

Events

Musikkalender

Schloss Bruchsal
Die Touristenattraktion wird zum Festivalort

📍
Bruchsal
Kulturfestival „300 Jahre Schloss Bruchsal" (28.7. – 7.8.)

Im Schloss swingt es

300 Jahre Schloss Bruchsal: Zu den sommerlichen Jubiläumswochen reisen Jazz- und Soulgrößen an

Die Einweihung war von Barockmusik begleitet. 300 Jahre später geben hier Jazz, Soul und Blues den Ton an: Das Schloss Bruchsal begeht in diesem Sommer sein Jubiläum mit einem mehrwöchigen Festival, für das namhafte internationale Musiker verpflichtet worden sind, darunter US-Jazzstar Gregory Porter (Foto), Sänger Curtis Stigers und Trompeter Till Brönner.

Das Schloss ist das Wahrzeichen der malerisch am Rande des Kraichgaus nahe Karlsruhe gelegenen Stadt Bruchsal. Die ehemalige Residenz von Damian Hugo von Schönborn, Fürstbischof von Speyer, zählt zu den größten und schönsten Schlössern Baden-Württembergs. Für das Jubiläumsfestival wird die gesamte Gartenanlage des 2016 umfassend restaurierten und renovierten Schlosses genutzt. Vor der eigens errichteten Open-Air-Bühne finden annähernd 3000 Zuhörer Platz.
bruchsal-erleben.de

Umbria Jazz
Musikstars unter freiem Himmel in der Altstadt von Perugia: Beim „Umbria Jazz" spielen u. a. Latin-Legende Gilberto Gil (Foto), Herbie Hancock und Diana Krall (8. – 17.7).
umbriajazz.it

Bregenzer Festspiele
Ein mächtiges Seidenpapier als Opernkulisse: Bregenz lockt mit der Neuinszenierung des Puccini-Werkes „Madame Butterfly" an die legendäre Seebühne (2.7. – 21.8.).
bregenzerfestspiele.com

Kunstrasen Bonn
Der Strom rockt: Am Bonner Rheinufer wartet die Open-Air-Reihe mit internationalen Acts auf – von Melissa Etheridge (Foto) über Simple Minds bis Sting (bis 14.8.).
kunstrasen-bonn.de

FOTOS: MIR, PD, DANIEL VILLADSEN, SSG, JAZZ CLUB PERUGIA, BREGENZER FESTSPIELE, ERIK UMPHERY, KUNSTRASEN BONN; ILLUSTRATION: DENIS MOHR

Medien

Diddo Ramm
betrachtet Deutschland gerne aus neuen
Perspektiven. Guides und Bücher helfen dabei

Bücher für Entdeckungsreisende

Der Berg strahlt

Mal mystisch, mal mär-
chenhaft, immer malerisch
schön: ein faszinierender
Bildband mit bayerischen
Landschaftsschönheiten
und berühmten Alpenorten.
**Bayerns sagenhafte Land-
schaften, J. Berg Verlag,
224 S., 39,99 €**

Die Wildnis ruft

Auf neuen Pfaden durch eines
der waldreichsten Länder Europas: Björn Nehrhoff von Hol-
derberg gibt individuelle Tipps
für magische und wilde Wald-
Erlebnisse von der Küste bis in
die Alpen. **Deutsche Wälder,
Haffmans & Tolkemitt,
320 S., 24,95 €**

Das Design fährt

Raumwunder mit Stil:
Bildband über Wohnmobile,
die ein außergewöhnliches
Interieur auszeichnet. Zum
Staunen und Nachmachen
mit Tipps zu Material und
Einbau. **Camper Design,
Christophorus Verlag,
196 S., 29,99 €**

Der Hund bellt

Der vierbeinige Mit-
reisende genießt hier
viel Auslauf und vorbild-
liche Behandlung: die
50 hundefreundlichsten
Campingplätze in
Deutschland und Euro-
pa. **Camping mit Hund,
ADAC, 216 S., 22 €**

Die Küche lockt

Genießer und Camper
willkommen: 150 Tipps
vom Landgasthof bis
zum Weingut – inklusi-
ve Womo-Vignette für
kostenfreies Übernach-
ten. **Der Kulinarische
Campingführer, ADAC,
240 S., 24 €**

PODCAST // NORDSEE

Unterhaltungswellen

Sie ist sturmerprobt, hartnäckig, humor-
voll und vor allem eine leidenschaftliche
Meeresliebhaberin: All das ist zu hören,
wenn die Autorin und langjährige NDR-
Mitarbeiterin Bärbel Fening zu ihrem
wöchentlichen Podcast „Nordsee" einlädt. Es sind lebendige Begegnungen mit
Küstenbewohnern und Insulanern, die im
Rhythmus der Gezeiten arbeiten sowie

Wind und Wetter
hautnah spüren
– vom Krabben-
fischer über
den Seehund-
retter bis zum
Bewohner einer
einsamen Hallig.
Bislang sind rund 100 Folgen entstanden,
darunter auch einfühlsame und unterhalt-
same Gespräche mit bekannten Persönlichkeiten wie dem Polarforscher Arved
Fuchs oder dem ostfriesischen Krimikönig
Klaus-Peter Wolf. *nordseepodcast.de*

APP // „MAUERSCHAU"

Durch die geteilte Stadt

Die Zeitgeschichte rückt dramatisch ins Bild. Wer bei
seiner Berlin-Tour die App „Mauerschau" nutzt, kann auf
seinem Smartphone oder Tablet sehen, wie es an markanten Standorten der verschwundenen Mauer einmal
ausgesehen hat. Mittels Augmented Reality werden auch
aufwühlende Ereignisse eingeblendet – etwa am Check-
point Charlie, wo sich 1961 Panzer aus dem Osten und
Westen bedrohlich nahe kamen. *mauerschau.berlin*

FILM // „DEAR MEMORIES"

Das Auge bleibt wach

Der Fotograf Thomas Höpker hat
in den USA ikonische Aufnahmen
von der Wüste, New York und
Idolen wie Muhammad Ali aufgenommen. Für die Doku „Dear
Memories" kehrt der an Alz-
heimer erkrankte 84-Jährige
an diese Orte zurück. Ein unge-
wöhnliches Porträt und berüh-
rendes Roadmovie. *Im Kino*

Die schönste Jahreszeit der Welt: Berlin.

Jetzt entdecken: visitBerlin.de/world-of-berlin

VISIT THE WORLD OF
BERLIN

BERLIN

Zugspitz-Region

Die Zugspitz-Region ist ein wunderbar abwechslungsreiches Urlaubsgebiet. Wir wandern zwischen Buckel- und Streuwiesen, schauen traditionellen Handwerkern auf die Finger, bestaunen ein gigantisches Freilichttheater und kosten köstlichen Käse. Auf Deutschlands höchsten Gipfel geht's natürlich auch – beinahe

Text Kirsten Rick

Bergblick
Panorama-Fernblick von der Aussichtsterrasse der Zugspitze auf 400 Alpengipfel in vier Ländern

Garmisch-Partenkirchen
Die beiden Orte sind
zu einem Ganzen
zusammengewachsen

Wertvolle Wiese
Mit Ranger Thomas Weber
im Ettaler Weidmoos im
Naturpark Ammergauer Alpen

Barocke Pracht
Die Basilika ist spiritueller
und architektonischer
Mittelpunkt des Klosters Ettal

Zugspitze
Das letzte Stück Weg
zum goldenen Gipfelkreuz
ist nicht ungefährlich

Der Schmied
Florian Aberl stellt am liebsten Alltagsgegenstände wie Pfannen her

Kloster Ettal
Die majestätische Kuppel der Basilika, Herzkammer des Klosters

Der Geigenbauer
Die Instrumente, die Anton Sprenger baut, funktionieren noch in 500 Jahren

„Wenn du in die Berge gehen willst, musst du ganz früh aufstehen. Wenn ich da um 4:30 Uhr unterwegs bin, treffe ich niemanden"

Der Berg hält sich bedeckt. Vom Bahnhof in Garmisch-Partenkirchen hätten wir einen wunderbaren Blick bis auf die Zugspitze und die umliegenden Berge. Doch die Wolken hängen grau und tief, die Gipfel verstecken sich.

Garmisch-Partenkirchen liegt zwischen saftigen Wiesen und hoch aufragenden Bergen – der perfekte Startpunkt für viele Ausflüge. Aber der Doppel-Ort selbst? In manchen Straßen sind die Häuser reich mit traditionellen Lüftlmalereien verziert. Wie ein begehbares Bilderbuch sieht das aus. An einigen Fassaden sind die Schutzheiligen des Volkes dargestellt, andernorts verraten die farbenfrohen Bilder das Gewerbe der Hausbesitzer. Ein Juwel ist die historische Ludwigstraße im Herzen Partenkirchens, eine charmante Flaniermeile mit vielen kleinen Läden.

Garmisch zeigt sich etwas moderner, das urban wirkende „Wildkaffee" mit eigener Rösterei ist ein gutes Beispiel für frische Gastronomie. Aber auch Garmisch hat ein historisches Herz. Und das glüht.

Eine kleine persönliche Hölle
Die schwere Holztür steht offen, aus dem dunklen Raum dröhnt ein Hämmern. Funken sprühen. Zur Rechten thront ein mächtiger Amboss, an der Rückwand der kleinen Werkstatt öffnet sich eine Feuerstelle, so groß, man könnte darauf eine ganze Wildschweinrotte rösten. An den Wänden, überall, hängen Werkzeuge. Es riecht etwas rauchig, aber nicht so sehr, wie man angesichts der rußgeschwärzten Wände vermuten würde. Wir sind in der Schmiede von Florian Aberl, einem drahtigen jungen Mann, viel schmaler, als man bei dem Beruf vermuten würde. Er ist Schmied in 11. Generation, die Werkzeuge, das Gebläse und selbst der Lufthammer stammen noch von seinem Vater und seinem Großvater: „Willkommen in meiner kleinen persönlichen Hölle! Jeder

Schmied wird wohl mit einem kleinen Teufelsschwänzchen geboren ..." Doch Florian will nichts Böses, sondern Dinge herstellen, die man im Alltag gebrauchen kann. Pfannen aus Eisenblech zum Beispiel. Sein neues Projekt sind Beschläge für Türen und Fenster. Früher, sagt er, hatte jeder Stadl auf der Wiese und jeder Kuhstall wunderschöne Beschläge. Da hat man sich mit den Details noch richtig Mühe gegeben.

Ich werde darauf achten. Florians Tipp: „Wenn du in die Berge gehen willst, dann musst du ganz früh aufstehen. Wenn ich da um 4:30 Uhr unterwegs bin, treffe ich niemanden."

Ein Himmel voller Geigen
Mit der Bahn sind wir in gut 20 Minuten von Garmisch-Partenkirchen in Mittenwald. Der malerische Ort liegt eingebettet zwischen Wetterstein, Kranzberg und Karwendel und war einst das Handelstor zum Süden. Weltweit bekannt ist Mittenwald für seinen Geigenbau. Dem Instrument ist ein eigenes, sehenswertes Museum gewidmet.

Die Werkzeuge von Anton Sprenger sind fein, manche winzig. Der Geigenbaumeister zeigt einen Hobel, ungefähr so groß wie ein Fingernagel. Das Holz, das er bearbeitet, ist schon so dünn, dass seine Hand gegen das Lampenlicht durchscheint. „Meine Arbeit ist absolut nachhaltig: Ich baue aus ganz wenig Holz ein Instrument, das nahezu ewig hält", sagt Sprenger. „Wenn das Instrument, das ich herstelle, gut ist, dann funktioniert das noch in 500 Jahren. Von welchem Produkt könnte man das heute noch sagen?" Er hat herausgefunden, dass er mit dem berühmten Mittenwalder Geigenbauer Matthias Klotz verwandt ist. „Meine Vorfahren haben die Geige von Mozart gebaut." Seine kleine Werkstatt mitten im Ort ist gemütlich und lichtdurchflutet. Er verrät uns seine drei Lieblingsorte: „Die Kirche in Mittenwald – das ist genau der Spätbarock, der zu uns Bayern passt, da wird das Leben

gefeiert. Die Isar, das ist unsere Lebensader. Der Kranzberg. Das ist ein superdankbarer Berg, man ist schnell oben. Und das Gebiet ist toll, weil es da so viele Buckelwiesen gibt. Die werden von Hand gemäht, das machen die Leute aus Idealismus."

Die Buckelwiesen sind wirklich merkwürdig. Genoppt sehen sie aus, wie grüne Luftpolsterfolie. Abertausende Bodenwellen, Relikte der letzten Eiszeit, lassen die Hügellandschaft unwirklich und ein wenig verspielt wirken. Heute sind die artenreichen Wiesen geschützt und sollen sogar für das Weltkulturerbe vorgeschlagen werden.

Das Alte bewahren – durch Veränderung
Mittendrin liegt die Goas-Alm. Dort springen 50 bunte Ziegen umher. Eine weiße Ziege ist die Chefin der Herde, sie kommt uns am nächsten. Der Bock ist ein Thüringer, das ist eine vom Aussterben bedrohte Haustierrasse. Er ist groß, braun, zottelig und sieht beeindruckend aus. Es gibt auch kleine braune Ziegen, dunkelbraune mit Schwarz und welche mit einer weißen Maske. Alle sind sehr hübsch. Zweimal am Tag werden sie gemolken, aus der Milch machen Regina Sailer, ihr Verlobter Michael und sein Bruder köstlichen Ziegenkäse, den sie ihren Gästen im Biergarten und in der kleinen Brotzeitstube servieren. Der Hof der Familie Sailer war früher ein Milchviehbetrieb, es gab also Kühe. Die Ziegen kamen zum Vergnügen der Feriengäste dazu – und Regina war schnell vernarrt in die Tiere. Nun dreht sich alles um die intelligenten Geißen. Das war die Bedingung für Regina, um den Hof zu übernehmen. „Wir wollten das Lebenswerk meiner Eltern weiterführen – aber es musste sich verändern."

Der Käse wird im eigenen Hofladen und an ausgewählte Restaurants verkauft. Aber nicht im Internet. „Wir wollen regional bleiben. Wir möchten, dass die Leute sagen: Hier habe ich mal diesen wunderbaren Käse gegessen, das möchte ich wieder."

Die Gletscher des Zugspitzplatts werden in 20, 30 Jahren weggetaut sein.
Ahnen die Menschen, dass es ein Abschiedsbesuch sein könnte?

Immer auf den Wegen bleiben!

Am nächsten Tag geht es – noch immer nicht auf den Berg der Berge. Sondern zunächst mit dem Bus nach Ettal. Der Ort ist bekannt für die gigantische Klosteranlage mit eigener Brauerei und Schaukäserei. Weniger bekannt ist das Ettaler Weidmoos, ein ganz besonderes Moor im Naturpark Ammergauer Alpen.

Der Ranger Thomas Weber nimmt uns mit auf die „Weidmoos-Runde". Wir gehen am Mühlbach entlang, im glasklaren Wasser schwimmen dicke Bachforellen. Die Wiesen, weit und flach, umrahmt von steil aufragenden Bergen, sind etwas ganz Besonderes: Streuwiesen. Sie werden nur einmal im Jahr gemäht, das Heu wird nur als Einstreu genommen, daher der Name. Die Artenvielfalt ist immens, hier wachsen Karlszepter (eine Pflanze noch aus der Eiszeit), Wollgras und viele seltene Orchideen. Der Ranger verscheucht einen Hobbyfotografen, der bei der Suche nach der perfekten Perspektive den Weg verlassen und sich ins Gras gewagt hat. Während der Pandemie sei es manchmal ganz schlimm geworden, da wollten die Leute unbedingt hinaus in die Natur und machten sich keine Gedanken, was sie platt trampelten oder wo sie parken sollten. „Ich wünsche mir einfach mehr Bewusstsein für die Natur."

Wir erreichen die Ammerquellen. Unscheinbare kleine Tümpel, doch wenn man genau hinschaut, dann sieht man kleine Luftbläschen aufsteigen. Das Wasser hat hier immer die gleiche Temperatur, auch im Winter sind es 6 °C, ein Lebensraum für einzigartige Tiere wie die Quellschnecken. Der Meditationsweg Ammergauer Alpen führt hier entlang – ein guter Ort, um innezuhalten.

Gaukler mit zwei Gesichtern

Nicht weit entfernt von Ettal liegt Oberammergau, Schauplatz der Passionsspiele. Dort, in der sonnendurchfluteten Werkstatt von Markus Wagner, hängen viele kleine Figuren an Bändern: die Schnürlkasperl. Man könnte auch sagen: Hampelmänner und -frauen oder Fadengaukler. Die Holzpüppchen haben oft zwei Gesichter, der Soldat ist auf der anderen Seite Kasperl, und dreht man den Raucher um, ist er ein Skelett. Einst war Oberammergau eine Hochburg des Holzkinderspielzeugs, geschnitzt wurde auch viel, meist Kirchliches wie Krippen und Jesusfiguren. Eine Schnitzschule gibt es im Ort, Markus Wagner hat dort gelernt. Seit 35 Jahren fertigt er seine Schnürlkasperl, ungefähr 350 im Jahr, mit wenig Werkzeug und viel Fantasie. „Praktisch jeder Charakter ist möglich", sagt er. Er tüftelt noch an einem Cello-Spieler, eine Bestellung aus Israel. Besonders gefragt ist die Ballerina, die, ganz fein und zart, auf einem Bein tanzt. Und das Hochzeitspaar, das sich küsst, wenn man am Faden zieht.

Markus Wagners graues Haar ist dicht und lang. Einen Bart muss er sich noch wachsen lassen, „aber das schaffe ich locker". Dann ist er bereit für die Oberammergauer Passionsspiele. Schon als Kind hat er bei der Traditionsaufführung mitgemacht. Dafür muss man in Oberammergau geboren sein oder seit mindestens 20 Jahren dort wohnen. Bis 1990 durften Frauen ab 35 Jahren und verheiratete Frauen nicht mitspielen. Sie haben bis zum Verwaltungsgericht geklagt, bis es ihnen erlaubt war.

Seit 1634 wird das Spiel über die letzten fünf Tage im Leben Jesu in Oberammergau aufgeführt, der Ursprung geht auf ein Gelübde nach der überstandenen Pest zurück. Bei der Massenveranstaltung stehen bis zu 1000 Menschen gleichzeitig auf der Freilichtbühne, dazu noch echte Tiere: der Esel, auf dem Jesus reitet, Geflügel für die Händler, das Pferd für den römischen Hauptmann, sogar ein Kamel ist dabei. Die gigantische nach vorne geöffnete Zuschauerhalle steht unter Denkmalschutz, bietet ungefähr 4500 Plätze – und ist alle zehn Jahre rasch ausverkauft. An über 100 Spieltagen kommen insgesamt über eine halbe Million Zuschauer.

Zugspitz-Rundreise

Ganz bequem in die Höhe: Die Rundreise startet am Zugspitzbahnhof Garmisch-Partenkirchen. Die Fahrt mit der Zahnradbahn führt über Grainau, Eibsee und durch den 4,5 Kilometer langen Zugspitztunnel. Auf dem 2600 Meter hohen Zugspitzplatt angelangt, steigen wir aus und erkunden die hochalpine Bergwelt. Bestens an die Höhenluft akklimatisiert, schweben wir vom Zugspitzplatt mit der Gletscherbahn in wenigen Minuten zum Gipfel auf 2962 Meter. Dort genießen wir einen grandiosen 360°-Panoramablick und bis zu 250 km Fernsicht neben dem goldenen Gipfelkreuz. Neu ist das Gipfelrestaurant Panorama 2962 mit großer Terrasse. Eine Ausstellung dokumentiert die über 90-jährige Geschichte der Zahnradbahn. Hinab schweben wir in nur 10 Minuten mit der neuen Rekord-Seilbahn zur Talstation am Eibsee. Vom Eibsee fährt der Zug dann wieder gemütlich zurück Richtung Garmisch-Partenkirchen. Zugspitze-Ticket 63 Euro (Rundreise), *zugspitze.de*

Wandern
Rund um den Eibsee
führt ein schöner Spazier-
weg ohne Steigungen

Gipfelschau
Berge, so weit das Auge
reicht – die Aussicht von und
auf die Gipfel ist ein Traum

Der Schnürlkasperlschnitzer
Markus Wagner gibt seinen
Figuren Charakter

OBERAMMERGAUER
SCHNÜRLKASPERL

Abschiedsbesuch beim Gletscher

Seit über 90 Jahren fährt die Bayerische Zugspitzbahn auf den höchsten Berg Deutschlands – und heute fahren wir mit. Am neuen Zugspitzbahnhof in Garmisch-Partenkirchen steigen wir ein, rattern an Stadln auf Wiesen vorbei. Ab der Station Eibsee geht es recht steil bergauf, es beginnen die Zahnradgleise der Bergstrecke. Nach dem Haltepunkt Riffelriss geht es in den viereinhalb Kilometer langen Zugspitztunnel. Auf dem Zugspitzplatt endet unsere Zahnradbahnfahrt.

Als wir den Bahnhof – eine blecherne Röhre – verlassen, blenden uns Sonne und Schnee. Schnee und Eis gibt es hier das ganze Jahr, nicht überall, aber am Gletscher. Dort treffen wir Gerhard Konrad, Gletscherguide. Er zeigt „die Schönheit der Bergwelt, wie ein Gletscher funktioniert – und leider auch, wie er verschwindet".

Gerhard Konrad erzählt: „Im 19. Jahrhundert hat es eine kleine Eiszeit gegeben, von 1820 bis 1850. Der Nördliche Schneeferner war zu der Zeit etwa 300 Hektar groß und hat den ganzen oberen Bereich des Zugspitzplatts eingenommen. Mit Beginn der Industrialisierung, Ende des 19. Jahrhunderts, begann er sich in der Mitte zu teilen, in einen südlichen und einen nördlichen Schneeferner. Er hat dann kontinuierlich an Masse verloren. Richtig beschleunigt hat sich dieser Prozess ab den 1970er-Jahren. Jetzt ist er sehr stark geschwunden und leider nur mehr etwa 16 Hektar groß. Den Südlichen Schneeferner werden wir wahrscheinlich bald verlieren, der ist nur noch einen Hektar groß. Da rechnen wir mit einem Verschwinden innerhalb der nächsten zehn Jahre. Der Nördliche Schneeferner wird innerhalb der nächsten 30, vielleicht auch nur der nächsten 20 Jahre verloren gehen."

Um uns herum tapsen Touristen arglos durch den Schnee, rodeln mit einem geliehenen Zipfelbob (auch im Sommer), besuchen die kleine Kapelle Mariä Heimsuchung. Es ist mächtig was los. Mittendrin stehe ich

ein wenig melancholisch. Ahnen die Menschen, dass dies für viele von ihnen ihr Abschiedsbesuch beim Gletscher ist?

Das ist ja wohl die Höhe!

Mit der Gletscherbahn schweben wir das letzte Stück zum Gipfel. Der glitzert und gleißt im Sonnenlicht – und ist mächtig zugebaut. Auch von der Einsamkeit, die Josef Naus und seine Begleiter gespürt haben dürften, als sie die Zugspitze am 27. August 1820 als Erste bestiegen, ist heute nicht mehr viel übrig: Deutschlands höchste Erhebung wird inzwischen von jährlich mehr als einer halben Million Touristen besucht. Kein Wunder: Der Blick von der großzügigen Aussichtsplattform ist grandios – Bergwelten, so weit das Auge reicht. Bei guter Sicht blickt man von der Zugspitze rund 250 Kilometer weit auf über 400 Gipfel in vier Ländern – Österreich, Deutschland, Schweiz, Italien.

Die Zugspitze ist übrigens nicht ganz original erhalten. Ursprünglich hatte sie drei Gipfel. Der Mittelgipfel fiel 1930 einer Seilbahnstation zum Opfer, den Westgipfel haben die Nazis 1938 gesprengt. Hier steht jetzt die Aussichtsplattform und all die touristischen Attraktionen, die dazu gehören, wie das neue Restaurant Panorama 2962. Mitten durch die Plattform verläuft die deutsch-österreichische Grenze. Mal ein paar Schritte rüber nach Tirol sind kein Problem.

Auf dem Ostgipfel thront auf 2962 Meter Höhe das goldene Gipfelkreuz. Um das zu erreichen, verlassen überraschend viele Wagemutige die gut gesicherte Plattform, kraxeln einen kurzen, aber sehr steilen seilversicherten Pfad hinauf und tasten sich auf den exponierten Felsen vor. Das alles in oft unzulänglichem Schuhwerk. Ich sehe mir das halb fasziniert, halb besorgt an. Ein erstaunliches, fesselndes Schauspiel. Wie kann man für ein Gipfel-Selfie sein Leben aufs Spiel setzen? Aber angeblich ist noch nie etwas passiert.

Runter geht es ganz schnell, wenn man die Wartezeit auf die Seilbahn nicht mit einrechnet. Fast lautlos gleiten wir in die Tiefe, hinab zum Eibsee. Mit seinem klaren, grün getönten Wasser gilt er als einer der schönsten Badeseen der Bayerischen Alpen. Wir setzen uns in eine ruhige Bucht und betrachten die ringsum aufragenden Berge. Dort, die Zugspitze, nun waren wir auch mal oben. Schön war's. Aber in der Zugspitz-Region ist es fast überall noch schöner als auf dem „Top of Germany".

Kirsten Rick
empfiehlt auf der Zugspitze warme Kleidung und feste Schuhe zu tragen. Es ist kalt!

NAVIGATOR **Zugspitz-Region**

Beeindruckende Aussichten, schöne Wanderwege und immer wieder überraschende Natur: In der Zugspitz-Region in Oberbayern gibt es viel zu entdecken. Und wer ein Souvenir sucht, wird bei den örtlichen Handwerkern fündig

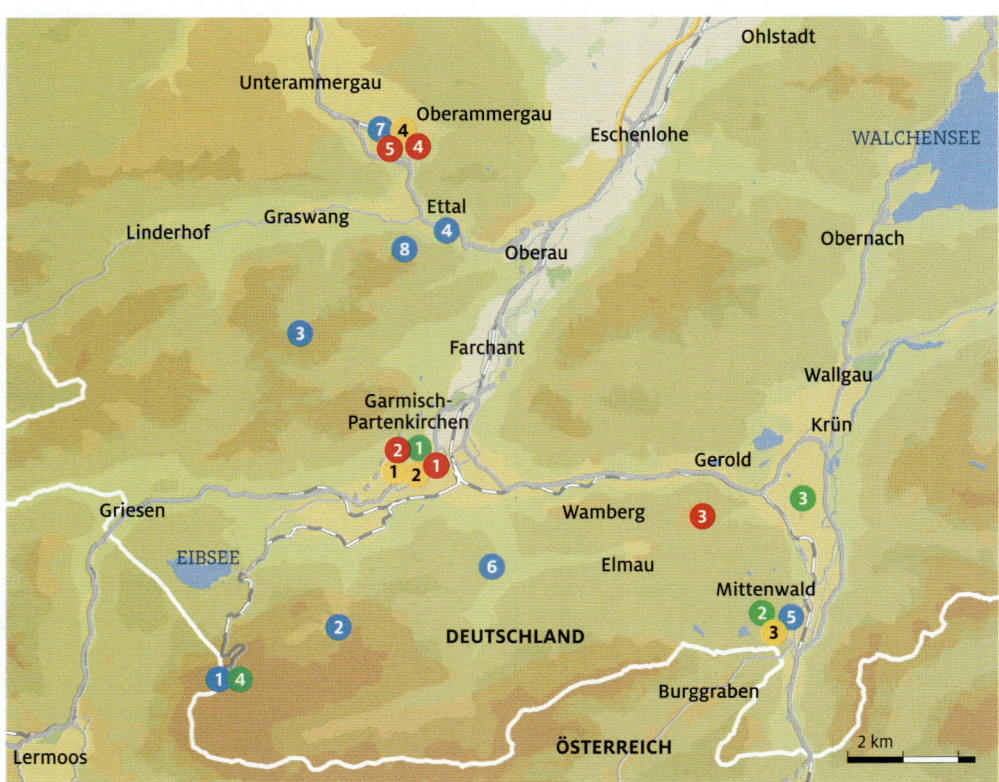

HIGHLIGHTS

1 Zugspitze

Mit 2962 m überragt die Zugspitze jeden anderen Berg in Deutschland. Dank komfortabler Aufstiegshilfen (nostalgische Zugspitzbahn, moderne Seilbahn und Gletscherbahn) kommen nicht nur ausdauernde Bergsteiger in den Genuss von Gletscherfeeling und Vier-Länder-Panoramablick.
⊕ *zugspitze.de*

2 Alpspix

Stahlträger ragen kühn über den Abgrund: Die Aussichtsplattform Alpspix, nur wenige Meter von der Bergstation der Alpspitzbahn entfernt, ist eine aufsehenerregende Konstruktion. Am vorderen Ende sind die rund 25 Meter langen Stege verglast und geben uneingeschränkte Weit- und Tiefblicke auf die Zugspitze, die riesige Alpspitz-Nordwand und hinunter ins wilde Höllental frei.
⊕ *zugspitze.de*

3 Spitzenwanderweg

Der Spitzenwanderweg verbindet die einzigartigen Natur- und Kulturlandschaften der Zugspitz-Region wie Murnauer Moos, Schloss Linderhof, Königshaus am Schachen, Höllentalklamm, Kuhfluchtwasserfälle sowie die Geigenbaumetropole Mittenwald. Nicht nur die vielen Kirchturm- und Bergspitzen machen diesen Fernwanderweg (200 Kilometer, mehr als 6800 Höhenmeter) zu einem echten Spitzenwanderweg.
⊕ *spitzenwanderweg.de*

4 Kloster Ettal

Ein gigantischer Komplex. Die imposante barocke Basilika und die Rokoko-Sakristei sind eine Pracht, sehenswert sind auch die Schaukäserei, der Alpenklimagarten und nicht zuletzt die Klosterbrauerei. Im Klosterladen werden Klosterspezialitäten und Souvenirs angeboten.
⊕ *kloster-ettal.de*

5 Geigenbaumuseum

Das Geigenbaumuseum im Herzen von Mittenwald beleuchtet die lange Tradition dieses Handwerks und zeigt, wie stark der Geigenbau mit der Geschichte des Ortes verbunden ist. Hier sind rund 200 Geigen und Zupfinstrumente ausgestellt, von der hochwertigen Meistergeige bis zum einfachen Verlegerinstrument.
⊕ *geigenbaumuseum-mittenwald.de*

6 Partnachklamm

Zwischen massiven, steil aufragenden Felswänden rauscht das Wasser wild und unbändig. Es tropft und rieselt, bei jedem Schritt eröffnen sich neue Perspektiven und Farbspiele. Die Partnachklamm ist ein beeindruckendes Naturerlebnis, für das man sich mit festem Schuhwerk und Regenkleidung gut wappnen sollte.
⊕ *partnachklamm.de*

7 Passionsspiele Oberammergau

Für die Passionsspiele 2022 sind wieder ca. 100 Vorstellungen geplant, erwartet werden rund 450.000 Besucher aus aller Welt. Das Passionstheater in Oberammergau umfasst rund 4500 Sitzplätze und ist damit die weltweit größte Freiluftbühne mit überdachtem Zuschauerraum. Tickets

ADAC Reiseführer plus Oberbayern mit vielen Tipps und Maxi-Faltkarte zum Herausnehmen. 192 Seiten, 14,99 €. Erhältlich im **Handel** und in den **ADAC Geschäftsstellen** oder unter *adac-shop.de*

sind ab ca. 30 Euro erhältlich (noch nicht ausverkauft).
⊕ *passionsspiele-oberammergau.de*

8 Meditationsweg Ammergauer Alpen
Die Etappe 13 führt vom Kloster Ettal zu den Ammerquellen im Naturschutzgebiet Weidmoos. Ein leichter Spaziergang mit einer Länge von 3,6 Kilometern.
⊕ *meditationsweg.bayern*

ANREISE

Die Zugspitz-Region liegt im Süden Deutschlands in Oberbayern an der Grenze zu Österreich.
Mit dem Auto: Ab München dauert die Anreise mit dem Auto ca. 1 Stunde und 15 Minuten und führt über die Autobahn A95 Richtung Garmisch-Partenkirchen.
Mit der Bahn: Am Wochenende gibt es umsteigefreie ICE-Verbindungen zwischen Garmisch-Partenkirchen und Städten wie Berlin, Hamburg, Köln, Frankfurt oder Nürnberg. Die Regionalbahn ab München fährt zudem stündlich in die bayerische Alpenregion.
Mit dem Bus: Auch der Flixbus hält am Bahnhof in Garmisch-Partenkirchen sowie in Mittenwald bei der Karwendelbahn. Vor Ort braucht man kein Auto, alles ist gut mit Bus oder Bahn erreichbar.

ÜBERNACHTEN

1 Hotel Königshof
Angenehmes Hotel in zentraler Lage (nur zwei Gehminuten zum Bahnhof). Gutes Restaurant und Spa & Fitnessstudio. Alle Zimmer mit Bergblick!
€ DZ ab ca. 124 Euro
⊕ *hotel-koenigshof-garmisch.de*

2 Werdenfelserei
Eine stilvolle Hommage an die Region mit Holz, Glas, viel Licht und Panoramaaussichten auf die Gipfel. Im Foyer steht ein Baum Kopf, im Pool auf der Dachterrasse reicht der Blick bis zur Zugspitze.
€ DZ ab ca. 270 Euro
⊕ *werdenfelserei.de*

3 Das Kranzbach
Luxuriöses Hideaway in Alleinlage auf einer eigenen Bergwiese. Umfangreiches Verwöhn- und Aktivprogramm inklusive.
€ DZ ab ca. 400 Euro
⊕ *daskranzbach.de*

4 Dianes kleines Zirbelhotel
Traditionell bayerisches, alpinmodernes Holzhotel Garni für Erwachsene ab 16. Nur fünf Zimmer, dazu zwei Ferienwohnungen im Obergeschoss des Stammhauses.
€ DZ ab ca. 140 Euro
⊕ *haus-diane.de*

5 Ferienhaus AusZeit
Haus mit fünf luxuriös ausgestatteten Ferienwohnungen für 1 bis 4 Personen. Eine Lounge mit Bibliothek und ein kleines Spa gehören dazu.
⊕ *ferienwohnung-auszeit.net*

ESSEN & TRINKEN

1 Wildkaffee
Urban und lichtdurchflutet: Café mit eigener Rösterei. Engagierte Baristi bereiten Kaffeespezialitäten zu, dazu gibt es Kuchen und andere regionale Leckereien. Die großen Panoramascheiben geben den Blick auf das Straßenleben frei.
⊕ *wild-kaffee.de*

2 Traditionsgasthof Alpenrose
In der Gaststube mit handbemalter Holzdecke werden bayerische Schmankerl serviert. Am Abend spielt dazu Reini auf seiner Zither. Wer noch mehr erleben möchte, bucht eine Kutschfahrt mit den selbst gezüchteten Pferden der Familie Zunterer. Besonders stolz ist die Familie auf ihre gigantischen Brabanter Rotschimmel, die den Paulaner-Festwagen im Sechsergespann beim Oktoberfest auf die „Wiesn" ziehen.
⊕ *hotel-alpenrose-mittenwald.de*

3 Goas-Alm
In der gemütlichen Brotzeitstube und im Biergarten wird Ziegenkäse aus eigener Herstellung serviert – und der ist hervorragend! Man kann sich damit auch im kleinen Hofladen eindecken (und sollte diese Gelegenheit nicht versäumen).
⊕ *goas-alm.de*

4 Panorama 2962
Die 2017 komplett neu errichtete Gipfelgastronomie ist ein Augenschmaus auf knapp 3000 Meter Höhe. Nach dem kulinarischen Motto „Das Beste aus vier Ländern" werden Gerichte aus Italien, Österreich, der Schweiz und Deutschland angeboten – passend zum Vier-Länder-Panoramablick.
⊕ *zugspitze.de*

SOUVENIRS

1 „Inser Hoamat"
Ausgewählte Produkte aus der Zugspitz-Region dürfen das Siegel „Inser Hoamat" tragen. Alle „Inser Hoamat"-Produkte kommen aus der Gegend, ideell und materiell. Zu den verschiedenen Verkaufsstellen gibt es auch einen Online-Shop: So werden die Souvenirs wie die Werdenfelser Kräuterseife, der Trekkingschuh „Meterfresser" oder das Mooralpensalzpeeling nach Hause geliefert.
⊕ *inser-hoamat.de*

2 Schmied Florian Aberl
So eine handgemachte Pfanne aus Schmiedeeisen ist eine verlässliche Partnerin in der Küche. Und wer einmal in der Werkstatt von Florian Aberl in Garmisch-Partenkirchen war, weiß, wie viel Sorgfalt und Arbeit darinsteckt.
⊕ *aberl.info*

3 Geigenbau Anton Sprenger
Der Geigenbaumeister fertigt Instrumente, hilft bei der Suche nach der passenden Geige und berät.
⊕ *violin-sprenger.de*

4 Oberammergauer Schnürlkasperl
Ob Brautpaar oder Ballerina, Engel oder Zahnarzt: Jeder Oberammer Schnürlkasperl ist ein von Markus Wagner handgefertigtes Original. Ein Siegel garantiert das. Preise: ab 85 Euro.
⊕ *schnuerlkasperl.de*

INFORMATIONEN

Weitere Tipps und Infos:
⊕ *zugspitz-region.de*

Abo lesen

6 Ausgaben frei Haus

- Über 7 % Ersparnis
- Plus Top-Extra nach Wahl

BLAUPUNKT

NEU

BLAUPUNKT Powerbank
- Li-Po-Batterie 5000 mAh
- Eingang: DC 5 V, 2 A • Max. Verbrauch: 10,5 W
- 2 Ausgänge mit jew. DC 5 V, 2,1 A (gleichzeitig)
Zuzahlung: 1,– €*

`1 5 9 8`

amazon.de Gutschein
€ 25
Dieser Amazon.de Gutschein wird Ihnen zur Verfügung gestellt von:
BONAGO :) Ihre Belohnungsexperten

€ 25 TankBON-Gutschein
Ohne Zuzahlung
`1 4 3 7`

€ 25 Amazon.de-Gutschein
Ohne Zuzahlung
`1 2 1 9`

Coupon ausfüllen und einsenden:
Motor Presse Aboservice
Postfach 451, 77649 Offenburg

telefonisch:
0781 639 66 54

online:
reise-magazin.com/angebot

Ja, ich bestelle
ADAC Reisemagazin   `4 5 1` Objekt-Nr. `8 0 0 1 3`   (Berechnung 6 Hefte, zzt. 49,90 €*, ggf. inkl. Sonderhefte zum Preis von zzt. jew. 8,31 €*)

☐ **für mich**   `A D A 1 P R E`   Aboart `0 0`

☐ **als Geschenk**   `A D A 1 P R G`   Aboart `1 0`   Aboherkunft `2 0`

ab der nächsterreichbaren Ausgabe für zunächst 6 Ausgaben. Mein Dankeschön erhalte ich umgehend nach Zahlung der ersten Rechnung, bei Erteilung von Bankeinzug sofort. Das Abo kann ich nach Ablauf der Bezugszeit jederzeit wieder schriftlich kündigen. Dankeschönversand nur innerhalb Deutschlands, solange der Vorrat reicht. Bei großer Nachfrage kann es zu Lieferverzögerungen kommen. Auslandkonditionen auf Anfrage.
*inkl. gesetzlicher MwSt. und Versand

Meine Anschrift: (Bitte in Großbuchstaben ausfüllen)

☐ Frau ☐ Herr
Anrede   Vorname

Name

Straße Nr.

PLZ   Wohnort

Telefon   Geburtsdatum

E-Mail (Pflichtfeld für Gutscheincode) Wir verwenden Ihre E-Mail Adresse, um Ihnen Angebote zu ähnlichen Produkten oder Dienstleistungen aus unserem Haus anzubieten. Sie können dieser Verwendung jederzeit kostenlos, vorzugsweise über Abmeldelink in der E-Mail, widersprechen.

Ich zahle bequem per Bankeinzug und erhalte zusätzlich 1 Gratis-Heft   `0 9 9 8`

SEPA-Lastschriftmandat: Ich ermächtige die Motor Presse Stuttgart, wiederkehrende Zahlungen von meinem Konto mittels Lastschrift einzuziehen. Zugleich weise ich mein Kreditinstitut an, die vom Verlag auf mein Konto gezogenen Lastschriften einzulösen. Hinweis: Ich kann innerhalb von acht Wochen, beginnend mit dem Belastungsdatum, die Erstattung des belasteten Betrags verlangen. Es gelten dabei die mit meinem Kreditinstitut vereinbarten Bedingungen.

IBAN   Ihre BLZ   Ihre Konto-Nr.

Zahlungsempfänger: Motor Presse Stuttgart GmbH & Co. KG, Leuschnerstraße 1, 70174 Stuttgart
Gläubiger-ID: DE48ZZZ00000026750, Mandatsreferenz wird separat mitgeteilt.

Das Geschenkabo geht an: (Bitte in Großbuchstaben ausfüllen)

☐ Frau ☐ Herr
Anrede   Vorname

Name

Straße Nr.

PLZ   Wohnort

Telefon   Geburtsdatum

E-Mail

◄ **Bitte hier 4-stellige Prämien-Nr. eintragen**
siehe 4-stellige Nr. neben Ihrer Wunschprämie,
evtl. anfallende Zuzahlung entnehmen Sie bitte der Heftanzeige

☐ **Ich bin einverstanden,** dass mich die Motor Presse Stuttgart GmbH & Co. KG und ihr Beteiligungsunternehmen Motor Presse Hamburg GmbH & Co. KG Verlagsgesellschaft, Leuschnerstraße 1, 70174 Stuttgart, telefonisch, per E-Mail oder Post für ihre Kunden auf interessante Medien-, Mobilitäts-, Freizeit- und Lifestyle-Angebote hinweist und hierzu meine Kontaktdaten für Werbezwecke verarbeitet. Teilnahme ab 18 Jahren. Einwilligung jederzeit für die Zukunft widerrufbar. Durch den Widerruf der Einwilligung wird die Rechtmäßigkeit der aufgrund der Einwilligung bis zum Widerruf erfolgten Verarbeitung nicht berührt. Weitere Informationen unter shop.motorpresse.de/datenschutz

✗
Datum, Unterschrift des Rechnungsempfängers   (Unterschriftenfeld ist Pflichtfeld)

Verantwortlicher und Kontakt: Abonnenten Service Center GmbH, Hauptstraße 130, 77652 Offenburg in gemeinsamer Verantwortlichkeit mit Motor Presse Stuttgart GmbH & Co. KG und Motor Presse Hamburg GmbH & Co. KG Verlagsgesellschaft. Sie haben ein gesetzliches Widerrufsrecht. Die Belehrung können Sie unter shop.motorpresse.de/agb abrufen. Weitere Informationen zum Datenschutz finden Sie in unserem Impressum. Sollten wir Ihre Daten in einen Staat außerhalb der Europäischen Union übermitteln, stellen wir sicher, dass Sie Ihre Daten gemäß Art. 44ff. DSGVO geschützt sind. Sie haben Rechte auf Auskunft, Berichtigung, Löschung oder Einschränkung der Verarbeitung, Widerspruch gegen die Verarbeitung, auf Datenübertragbarkeit sowie auf Beschwerde bei einer Aufsichtsbehörde. Details unter: shop.motorpresse.de/datenschutz   *Alle Preise in Euro inklusive der gesetzlichen MwSt. und Versand.

Motor Presse Stuttgart GmbH & Co. KG, Leuschnerstr. 1, 70174 Stuttgart, Handelsregister: Stuttgart HRA 9302

Der Weg ist das Ziel

Die Wanderlust erwacht. Wir wollen die Schuhe schnüren und die Natur auf schönsten Wegen erleben. Unsere Tipps führen durch besondere Landschaften, von Burg zu Burg, eröffnen kulinarische Perspektiven oder tun einfach gut. Hier geht es lang!

Text Kirsten Rick

Kulinarische Höhepunkte
Eine Landschaft voller Genüsse:
Wandern auf dem Keschtnweg in
Südtirol. Einkehren ist erwünscht!

1
KULINARISCHE WANDERWEGE

Entdecken und genießen

Wandern und Genuss, das gehört einfach zusammen. Und damit ist jetzt nicht nur die Einkehr, die Brotzeit, die Wegzehrung gemeint. Es gibt Wanderwege, bei denen dreht sich alles ums Essen oder Trinken.

Der neue Premium-Genusswanderweg „Lecker Pfädchen" im Hunsrück ist ein gutes Beispiel. Die zehn Kilometer lange Route um die Orte Thalfang, Hilscheid, Dhronecken und Burtscheid garantiert ein besonderes Wandermenü. Am Weg liegen schöne Rast- und Picknickplätze und drei Getränkestationen. Der Genusswanderweg führt durch dichte Wälder, vorbei an Feldern, Streuobstwiesen, kleinen Bächen und der idyllisch gelegenen Burganlage Dhronecken. Sechs in der Landschaft errichtete „Genuss-Fenster" eröffnen immer neue Aussichten und geben auf Infotafeln Einblicke in die Küche und Produkte der Region.

Die Pfalz ist für ihre Hüttenkultur bekannt – und die ist so besonders, dass sie 2021 sogar zum immateriellen Kulturerbe der UNESCO erhoben wurde. Entlang von insgesamt 10.000 Kilometer Wanderwegen durch die Region stehen etwa 80 Hütten, oft mitten im Wald. Wanderer können dort einkehren und sich Getränke und eine deftige Mahlzeit schmecken lassen, bevor sie wieder aufbrechen. In einigen Hütten können die Gäste sogar übernachten. Der Prädikatsfernwanderweg „Pfälzer Hüttensteig" führt vom Lambrechter Geißbock zum Elmsteiner Kuckuck durch eines der größten zusammenhängenden Waldgebiete Mitteleuropas, den Pfälzerwald, und trifft unterwegs immer wieder auf die bewirtschafteten Waldhäuser.

Einfach köstlich!
An den Bäumen reifen die Maronen, eine süße Verlockung sind die ausgebackenen Strauben (unten)

Aussicht mit Info
Auf dem Blauburgunderweg erläutern Schautafeln die Geschichte des Weinanbaugebietes

Besonders lohnend während der Spargelzeit (bis Juni) ist ein Ausflug auf dem Spargelwanderweg in Oberbayern. Vom Spargelmuseum in Schrobenhausen geht es entlang der Schautafeln in Richtung Gröbern, wo die Wiesen am Wegrand allmählich den Spargelfeldern weichen. Man sollte sich Zeit nehmen für die Wanderung, denn neben köstlichem Spargel, sanften Sanddünen, Göbelsbach – eines der schönsten Dörfer Deutschlands – und dem Haus im Moos gibt es in der Flusslandschaft der Paar viel zu entdecken.

Ein Band von Kastanienhainen streckt sich von Kloster Neustift bei Brixen längs der Hänge des Eisacktals bis hin zum Rittner Hochplateau und hinunter in den Bozner Talkessel: eine ideale Route für

den „Keschtnweg". Der Kastanienbaum gilt als „Brotbaum", die Kastanie war bis in die Neuzeit das Nahrungsmittel für mindestens sechs Monate im Jahr. Am Keschtnweg bieten Direkterzeuger regionale Produkte an. Besonders beliebt ist der Weg im Herbst während der Törggelezeit, wenn der junge Wein verkostet und dazu die Edelkastanie in zahlreichen köstlichen Variationen angeboten wird.

Vom Gras ins Glas: Wie wird eigentlich Joghurt gemacht? Auf dem Joghurtweg in Sterzing führt die Reise vom Futter für die Kühe bis zur Molkerei des Milchhofs Sterzing. Zwölf Mitmachstationen laden zum Entdecken und Ausprobieren ein.

Der Blauburgunderweg im Süden Südtirols ist ein neuer Wein- und Kulturlehrpfad, der durch das bekannte Blauburgunderanbaugebiet entlang des Naturparks Trudner Horn führt. Zur Auswahl stehen eine Tagestour von 14 Kilometern Länge oder drei Halbtageswanderungen. Auf dem Weg liegen

historische und kulturelle Kleinode, wie die bedeutende archäologische Fundstelle von Castelfeder, die idyllisch gelegene St.-Michaels-Kirche in Mazon, die Burgruine Kaldiff oder das stattliche Schloss Enn. Schautafeln und interaktive Stationen bringen den Wanderern dieses einzigartige Weinbaugebiet und seine Geschichte näher.

> „Lecker Pfädchen" im Hunsrück, *erbeskopf.de* und *tourenplaner-rheinland-pfalz.de*
> Pfälzer Hüttensteig, *tourenplaner-rheinland-pfalz.de*
> Spargelwanderweg in Oberbayern, *oberbayern.de*
> „Keschtnweg" in Südtirol (Italien), *suedtirol.info*, *eisacktal.com* und *bolzano-bozen.it*
> Blauburgunderweg im Süden Südtirols (Italien), *castelfeder.info*
> Joghurtweg in Sterzing, Südtirol (Italien), *joghurtweg.com*

Der Natur ganz nah
Auf dem Themen-weg „Balance" die Elemente spüren

2
WANDERN & WELLNESS

Das tut gut – Körper und Seele!

Wandern, das ist ja eigentlich schon Wellness für sich. Das Gehen tut so gut, ist so gesund. Aber es gibt Wege, die setzen noch ein Extra drauf. Im Juli 2022 wird der Vitalweg Holzgau im Tiroler Lechtal eröffnet. Der Weg zu Ehren des Allgäuer Naturheilkundlers Sebastian Kneipp bietet viele Möglichkeiten, die Kneipp'sche Gesundheitslehre nach den fünf Elementen Wasser, Bewegung, Ernährung, Kräuter sowie Innere Ordnung hautnah zu erleben. Wassertreten im natürlichen Bachlauf, Erkundungen entlang des Kräuterlehrpfads oder Kraft tanken am Energieplatz: Jeder

Abschnitt wurde aus den ursprünglichen Gegebenheiten der alpinen Landschaft entwickelt und behutsam in den bestehenden Lebensraum integriert. Herzstück der Strecke ist eine interaktive Ausstellung im typischen Heustadel, wo Besucher allerlei Wissenswertes über Kräuter, Heilpflanzen und den historischen Flachsanbau im Tiroler Lechtal erfahren.

Eine Kneipp-Wanderung kann man auch in Algund bei Meran in Südtirol machen. Auf knapp 11 Kilometern gibt es 17 Stationen. Dabei gilt: Hören wir auf unseren Körper und spüren wir, was uns guttut.

Bei den Gesundheitswegen Weißenbach im Ahrntal steht ebenfalls Bewegung nach Sebastian Kneipp auf dem Programm. Auf drei verschiedenen Wegen kann man drei Grundsäulen der Kneipptherapie folgen. Der Themenweg „Balance" in der Dolomitenregion Drei Zinnen kombiniert Kraftorte und Waldtherapie. Dabei geht es darum, dass der Mensch sich innig mit der Natur und ihren Kräften in Verbindung setzt. An einzelnen Stationen des Weges werden Meditationen angeboten, in denen es um Energien in der Natur geht und was diese im menschlichen Körper an Heilung auslösen können.

Die Waldluftbaden-Gesundheitstour führt als Rundweg 170 km durch die Land-

schaften des Unteren Mühlviertels in Österreich. Wir durchqueren zwölf zertifizierte Waldluftbadegemeinden und treffen auf 33 örtliche Waldluftbadewege.

Der Wellness-Wander-Weg im Fichtelgebirge ist rund 40 km lang. Vorbei geht es an Wassertretbecken und schönen Aussichtspunkten, an denen Holzliegen stehen. Zeit für eine Pause!

Mit der Kraft der Natur die eigene Energie stärken – das ist die Idee des Innerwalk-Projekts. Das Angebot kombiniert Wanderwege und Kraftorte im Tessin mit Praktiken wie Yoga, Ecstatic Dance, Sound Design und geführter Meditation.

> Vitalweg Holzgau im Tiroler Lechtal, (Österreich), *lechtal.at*
> Kneipp-Wanderung in Algund bei Meran in Südtirol, (Italien), *algund.info*
> Gesundheitswege Weißenbach im Ahrntal, Südtirol, (Italien), *ahrntal.com*
> Themenweg „Balance", Dolomitenregion Drei Zinnen, (Italien), *niederdorf.it*
> Waldluftbaden-Gesundheitstour im Mühlviertel, (Österreich)
> Wellness-Wander-Weg im Fichtelgebirge, *fichtelgebirge.bayern*
> Innerwalk-Projekt im Tessin, (Schweiz), *innerwalkproject.ch*

Wertvolle Natur
Das Hohe Venn in Ostbelgien
ist ein Hochplateau und der
höchste Punkt der Benelux-Länder

3

WANDERN
DURCH MOORE

Auf dem Holzweg
sind Sie richtig

Moore sind ganz besondere Lebensräume: ökologische Übergangszonen zwischen Land und Wasser. Sie bilden mehr organische Substanz als zersetzt wird. Allerdings wachsen sie sehr langsam: Nur einen Millimeter pro Jahr nimmt die Torfschicht in einem lebenden Hochmoor zu. Moore sind gigantische Schwämme, die schnell große Wassermengen aufnehmen können und langsam wieder abgeben. Nicht zuletzt sind Moore wichtige Kohlenstoffspeicher. Beinahe die Hälfte des als Kohlendioxid in der Atmosphäre vorhandenen Kohlenstoffs ist in Mooren gebunden.

Klimaschützer, voller Artenvielfalt und zugleich geheimnisvolle Orte – Moore sind einfach faszinierend. Einfach so darin herumlaufen sollte man nicht, aber es gibt Wanderwege, die die Schönheit dieser Landschaften erschließen. Das Naturschutzgebiet „Großes und Weißes Moor" gehört zu den am besten erhaltenen Hochmooren in Niedersachsen. Es lässt sich auf dem Nordpfad „Dör't Moor" entdecken, der 2021 als „Deutschlands schönster Wanderweg" ausgezeichnet wurde.

Auf dem Holzweg sind wir auf der Heideschleife Pietzmoor in der Lüneburger Heide unterwegs. Der Bohlensteg erschließt das komplette Moor, so versinken wir nicht im weichen Boden. Ehemalige Torfstiche sind selbst nach 50 Jahren Renaturierung an der rechteckigen Form noch immer deutlich in der Landschaft zu erkennen.

Im Sauerland sind Moore sehr selten – auf dem bis zu 818 Meter hohen Bergrücken der Hunau gibt es jedoch gleich zwei solcher Ökosysteme: die „Nasse Wiese" und den „Rauhe Bruch". Beide erreichen wir auf dem traumhaften Rundweg Naturschätze im Sauerland.

Das Hohe Venn, eines der letzten Hochmoore Europas, ist das älteste und mit 4500 Hektar auch das größte Naturschutzgebiet Belgiens. Über das Moor führen lange Stege, wir wandern auf Planken durch das Wunderland.

> Nordpfad „Dör't Moor", Niedersachsen,
> *nordwaerts.de*
> Heideschleife Pietzmoor,
> *heidschnuckenweg.de*
> Rundweg Naturschätze im Sauerland,
> *sauerland.com*
> Deutsch-Belgischer Naturpark Eifel
> Hohes Venn, *ostbelgien.eu* und *eifel.info*

Bergeistert.

Das fühlst du nur hier.

Willkommen im **Zillertal**

Erlebe das Zillertal.

Über 1.400 Kilometer Wanderwege, zehn modernste Sommerbergbahnen und einzigartige Bergerlebnisse – das Zillertal steckt voller Glücksmomente. Mit der Zillertal Activcard kannst du alle erleben. Von Mitte Mai bis Mitte Oktober ist sie dein All-in-One-Ticket für ausgesuchte Natur-Highlights, großartige Kulinarik-Welten und jede Menge Familienspaß.

4

WANDERN IN FELSLANDSCHAFTEN

Von Zinnen und Steinen

F elsen sind die spektakulären Kulissen der Wanderwege. Steil aufragend, schroff, bizarr geformt. Sie prägen die Landschaft, fangen unsere Blicke. Beeindruckende Felslandschaften finden wir in den Dolomiten, die sich vom Pustertal nahe der Grenze zu Österreich bis zum nördlichen Teil des Veneto ausdehnen. Die Gebirgslandschaft ist ein ehemaliges Korallenriff und gehört zum UNESCO-Welterbe. Das Wahrzeichen dieser faszinierenden Region sind die Drei Zinnen. Um die drei spektakulären Bergobelisken im Hochpustertal gibt es zahlreiche Wanderwege in allen Schwierigkeitsstufen.

Die Dolomiten haben noch mehr Steinschauspiel zu bieten: Die „UNESCO-Wanderung unter den Geislern" führt zur neu erbauten Dolomites UNESCO-Welterbeterrasse Mastlé-St. Christina/Gröden. Der Weg unterhalb der senkrecht emporragenden Fermeda-Türme bringt die Wanderer zuerst zur urigen Pieralongia- und anschließend zur höher gelegenen Seceda-Alm.

Das Val Gardena in Südtirol ist der Ausgangspunkt für die Wanderung Naturonda durch die „Steinerne Stadt", eine beeindruckende Felslandschaft unter den senkrechten Nordwänden des Langkofel. Die vielen Steine verschiedenster Größen können erklettert oder bestiegen werden.

Auch in Deutschland finden wir faszinierende Felslandschaften. Ein zauberhaftes Wanderrevier ist das Elbsandsteingebirge in der Sächsischen Schweiz. Die Aussichten auf dem Malerweg inspirierten zahlreiche Künstler.

Auf der Schwäbischen Alb kommen Felsfans ebenfalls auf ihre Kosten. Interessant sind vor allem zwei der 13 Etappen auf dem insgesamt 260 Kilometer langen Schwäbische-Alb-Südrand-Weg (HW2): Etappe 7 führt an der „Küssenden Sau" vorbei, einer durch Erosion entstandenen Felsbrücke. Und Etappe 11 verläuft am großen Amalienfels am Donauufer entlang.

Die Felsen auf dem Felsenweg 6 – Teufelsschlucht im „NaturWanderPark delux" in der Eifel sind teuflisch schön: Erhaben recken sie sich in den Himmel, als wollten sie die Wanderer beschützen, unter ihrer Moosschicht verbergen sie Geschichten. Der schmale Weg windet sich durch die Teufelsschlucht und um eine bizarre Anlage, den Felsenweiher.

Ein gigantisches Granitsteinmeer ist das Felsenlabyrinth Luisenburg im Fichtelgebirge. Doch hier haben wir es nicht mit purer Natur zu tun, sondern einem angelegten Landschaftsgarten. Ein Rundweg leitet die Besucher durch Felsspalten und vorbei an Steinriesen zu den schönsten Plätzen.

Buntsandstein-Formationen säumen den Rodalber Felsenwanderweg im Pfälzerwald, das Wahrzeichen Rodalbens sind die Bruderfelsen: zwei sich berührende Steinsäulen, die sich wie Brüder gleichen. Der ca. 45 Kilometer lange Qualitätsweg ist nominiert als „Deutschlands schönster Wanderweg 2022".

> Drei-Zinnen-Wanderung, Hochpustertal, (Italien), *drei-zinnen.info/de*
> UNESCO-Wanderung unter den Geislern, (Italien), *suedtirol.info*
> Wanderung Naturonda durch die „Steinerne Stadt", (Italien), *valgardena.it*
> Malerweg, Sächsische Schweiz
> Schwäbische-Alb-Südrand-Weg, *schwaebischealb.de/wandern*
> Felsenweg 6 – Teufelsschlucht in der Eifel, *eifel.info*
> Felsenlabyrinth Luisenburg im Fichtelgebirge, *fichtelgebirge.bayern*
> Rodalber Felsenwanderweg, *felsenwanderweg.de*

Kulisse aus Stein
Malerisch ragen die Drei Zinnen in den sonnenverwöhnten Himmel Südtirols

Sattelfest
Beim Wanderreiten übernimmt das
Pferd das Wandern – meistens im
Schritt, nur selten wie hier im Galopp

Zickig? Nö!
Hier gibt es nichts zu meckern:
Dem Charme einer Ziege kann
man sich nur schwer entziehen

So flauschig
Lamas (und Alpakas) sind
eine Kamelart, sehr sanft-
mütig und laufen auf weich
gepolsterten Schwielensohlen

5

WANDERN
MIT TIEREN

In allerbester
Begleitung

Tiere sind Balsam für die Seele. Ihnen ist es egal, wie wir aussehen, was wir sagen. Sie haben ihr eigenes Tempo. Mit einem Tier zu wandern, entschleunigt. Und wenn es dann noch das Gepäck trägt, umso besser. Lamas und Alpakas sind sanft, gutmütig und sehr gesellig – das macht sie zu perfekten Wegbegleitern. In Südtirol führt eine halbtägige Trekking-Tour vom Kaserhof über den antiken Römerweg zu den berühmten Rittner Erdpyramiden. Dabei werden die gut ausgebildeten Lamas und Alpakas an der Hand geführt. Angeboten werden auch mehrtägige Touren.

Wer könnte einem Esel widerstehen? Doch sind die Langohren nicht furchtbar stur? Wer einmal ausprobieren möchte, ob das Eselwandern etwas für ihn oder sie wäre, der ist bei Abruzzomio in den Abruzzen in Mittelitalien richtig. Erst wird gezeigt, was es im Umgang mit dem Grautier zu beachten gilt, dann geht es im Eseltempo durchs Dorf und über schmale Pfade durch unberührte Natur.

Die Ziegen auf dem Vulkanhof in der Eifel geben nicht nur die Milch für den köstlichen Käse. Manche sind auch abenteuerliche Wanderführer. Wenn diese neugierigen Tiere eine Tour begleiten, fragt man sich manchmal: Wer geht hier eigentlich mit wem? Spaß macht das auf jeden Fall!

Wer pilgern und reiten verbinden möchte, sollte sich den Johannesritt im österreichischen Mühlviertel ansehen. Der 110 km lange Reitweg vermittelt anhand von zwölf Stationen Weisheiten zu den Themen Geduld, Humor, Großzügigkeit und Hilfsbereitschaft.

> Lama-Trekking in Südtirol (Italien),
> *kaserhof.it*
> Eselwandern in den Abruzzen (Italien),
> *abruzzomio.de*
> Ziegenwanderungen in der Eifel,
> *vulkanhof.de/ziegenwanderung*
> Johannesritt im Mühlviertel (Österreich),
> *pferdereich.at*

6
FLACHLAND-WANDERN

Das Glück ganz ohne Gipfel

Wer sagt denn, dass es beim Wandern immer bergauf gehen muss? Auch im flachen Land gibt es herrliche Ausblicke. Entlang von Küsten, Seen und Flüssen oder zwischen Felden hindurch genießen wir die Weite der Landschaft – ohne nennenswerte Steigungen.

Der 223 km lange Heidschnuckenweg in der Lüneburger Heide ist ein großartiges Naturerlebnis – nicht nur zur Heideblüte ab Mitte August. Neu sind die „Heideschleifen", zwölf Strecken, die als Rundtouren entlang des Heidschnuckenwegs liegen und für Tagestouren gedacht sind.

Jetzt eine Pause!
Der Märkische Landweg führt durch die dünn besiedelte Uckermark. Proviant mitnehmen!

Der Märkische Landweg in Brandenburg garantiert relaxtes, ungestörtes Wandern ohne größere Steigungen durch gleich drei nationale Naturlandschaften – den Naturpark Uckermärkische Seen, das Biosphärenreservat Schorfheide-Chorin und den Nationalpark Unteres Odertal, Deutschlands einzigen Flussauen-Nationalpark. Wildromantische Wasserläufe und weite Seen wechseln mit dichten Wäldern und sehenswerten Städtchen ab. Am besten viel Zeit für die 217 Kilometer einplanen!

Zwischen Hamburg, Bremen und Hannover verlaufen insgesamt 24 „Nordpfade" als 5 bis 32 km lange Rundwanderwege durch malerische Landschaften, typisch norddeutsche Bauerndörfer und beschauliche Kleinstädte. Das wellige Auf und Ab der Geest, geheimnisvolle Moore, verwunschene Wälder und naturbelassene Flussläufe sorgen für Abwechslung.

Von Küste zu Küste: Der Nord-Ostsee-Wanderweg verläuft quer durch Schleswig-Holstein. Die fünf Tagesetappen folgen dem Nord-Ostsee-Kanal, dabei fällt der Blick immer wieder auf vorbeiziehende Schiffe.

> Heidschnuckenweg, Niedersachsen, *heidschnuckenweg.de*
> Märkischer Landweg, Brandenburg, *tourismus-uckermark.de*
> Nordpfade in Niedersachsen, *reiseland-niedersachsen.de*
> Nord-Ostsee-Wanderweg, Schleswig-Holstein, *gruenes-binnenland.de*

Mystische Landschaft
Der Heidschnuckenweg ist besonders zur Heideblüte Mitte August bis Mitte September schön

Ritterlich
Jede Burg ist eine Geschichte
für sich. Und in Südtirol gibt
es davon viele zu erzählen …

7

VON BURG ZU BURG

Wenn diese Mauern sprechen könnten

Trutzige Zeugen vergangener Zeiten, märchenhafte, sagenumwobene Gemäuer: Schlösser und Burgen sind dankbare Wanderziele. Schon von ferne recken sie sich in Sicht, und ist man erst mal angekommen, ist der Ausblick hervorragend. Und dass manche nur noch Ruinen sind, macht es noch spannender. Rund 20 Burgen und Schlösser zeugen von der reichen Geschichte Eppans in Südtirol. Die gemütliche Drei-Burgen-Wanderung bei Missian verbindet drei dieser Burgen: Schloss Korb, Schloss Hocheppan (mit romanischen Fresken in der Burgkapelle) und Schloss Boymont.

Oder: Der etwa 20 km lange Burgenweg „Castelronda" führt zu den Schlössern und Burgruinen von Bozen, Jenesien und Terlan.

Sagenhaft schön ist auch die Kulturlandschaft des Mittelrheintals, der obere Teil gehört sogar zum UNESCO-Welterbe. Auf dem 191 Kilometer langen Rheinburgenweg lernen Wanderer die ganze Fülle und Vielfalt kennen – und lieben.

Wer alle Etappen des 120 Kilometer langen Burgensteigs Bergstraße laufen möchte, sollte sich mindestens neun Tage Zeit nehmen. Denn mehr als 30 Burgen und Schlösser warten auf der durchaus anspruchsvollen Strecke zwischen Darmstadt und Heidelberg.

Natur und Kultur aufs Schönste vereint: Das ist der Tiroler Burgenweg. Auf der Strecke von 50 km stehen keine Schilder, die Informationen gibt es komplett digital über eine App.

> Drei-Burgen-Wanderung, Eppan an der Weinstraße, Südtirol, (Italien), *eppan.com*
> Castelronda: Burgenweg in Jenesien, Südtirol, (Italien), *jenesien.net*
> Rheinburgenweg, *rheinburgenweg.com*
> Burgensteig Bergstraße, Darmstadt bis Heidelberg, *diebergstrasse.de*
> Tiroler Burgenweg, (Österreich), *tirolwest.at/de/tirolerburgenweg*

FOTOS: ALEX FILZ/BRIXEN TOURISMUS, RENE GRUBER/IDM SÜDTIROL, DANIEL MAIR/LIVE-STYLE.IT/IDM SÜDTIROL, ASSOCIAZIONE TURISTICA CASTELFEDER, MANUEL KOTTERSTEGER/TV NIEDERDORF, JOCHEN TACK/IMAGO IMAGES, SEBASTIAN STIPHOUT/DOLOMITES VAL GARDENA/VALGARDENA.IT, REITVERBAND MÜHLVIERTLER ALM/ERBER, DOMINIK KETZ/RHEINLAND-PFALZ TOURISMUS, ACHIM MEURER/ TV RITTEN/IDM SÜDTIROL, LUENEBURGER HEIDE GMBH, KONRAD ZELAZOWSKI/IMAGO IMAGES, LUCA GUADAGNINI/IDM SÜDTIROL (3), MARTIN JUNG/IMAGO IMAGES, GABRIELE HANKE/IMAGO IMAGES, PR

8

AUF DEN SPUREN DER DICHTER

Inspirationen am Wegesrand

Auf Dantes Wegen
Die Spuren von Dante führen durch Geschichte, Kunst und Natur, von Florenz bis Ravenna

Die Natur ist inspirierend und beim Wandern fließen die Gedanken wie von selbst. Das ging auch vielen Dichtern so, die ihre Geschichten und Eingebungen oft am Wegesrand fanden. Goethe streifte gern zu Fuß durch die Natur. Auf dem 20 Kilometer langen Wanderweg von seinem ehemaligen Amtshaus in Ilmenau nach Stützerbach lernen Wanderer die Lieblingsplätze des Dichters kennen. Die Landschaft des Thüringer Waldes ist hier von weiten Tälern, engen Felsschluchten und satten Bergwiesen geprägt. Höhepunkt der Wanderung ist das Goethehäuschen auf dem Kickelhahn, wie der Ilmenauer Hausberg genannt wird. Hier schrieb Goethe 1780 „Wandrers Nachtlied", eines seiner schönsten Gedichte.

Einige Fußwege führen auf den Brocken, den höchsten Berg des Harzes. Die von Dichter Heinrich Heine 1824 auf seiner Harzreise bevorzugte Route gilt als die schönste Strecke. Mit klaren Seen und unberührten Wäldern hat die Region um Feldberg den Schriftsteller

Hans Fallada beeindruckt. Er schrieb hier ein Kinderbuch über den frechen Dachs Fridolin, dem der Rundweg seinen Namen verdankt.

Auf den „Le Vie di Dante" (Straßen von Dante) können Lyrikfreunde den Worten und Taten des berühmten Denkers nachspüren. Auf den insgesamt 395 km langen Strecken durchqueren die Wanderer den Apennin, wo sie die Stille der Wälder genießen, mittelalterliche Burgen und historische Dörfer besuchen und sich von der schönen Naturlandschaft samt erfrischender Wasserfälle inspirieren lassen – wie es einst der große Dichter tat. Neben der Hauptroute Florenz–Ravenna umfassen Le Vie di Dante auch an-

dere Strecken, beispielsweise den Weg durch das Mugello- und Casentino-Tal. Dabei geht es von der Keramik-Stadt Faenza aus nach Brisighella, einem mittelalterlichen Ort, der zu den schönsten Dörfern Italiens gehört.

Wandern und sich dabei wie ein Dichter fühlen: Das geht auch hervorragend am Schloss Duino und auf dem sich daran anschließenden Rilke-Weg am Golf von Triest. Unterwegs ist man auf steilen Kalkklippen, durch kühle Wälder und stets mit Blick auf die Adria.

Im Ruppiner Seenland wuchs Theodor Fontane auf, hierher kam er immer wieder gern zurück und setzte dieser Landschaft in Büchern wie „Der Stechlin" oder den „Wanderungen durch die Mark Brandenburg" ein Denkmal. Wer gemeinsam unterwegs sein möchte, meldet sich zum Fontane-Wandermarathon am 10. September 2022 an.

> Goethewanderweg in Thüringen
> Heinrich-Heine-Weg im Harz
> Falladas Fridolinwanderung, Mecklenburg-Vorpommern
> Le Vie di Dante, (Italien), *viedidante.it/de*
> Rilke-Weg in Triest, Friaul-Julisch Venetien, (Italien), *trieste.com*
> Fontane-Wandermarathon, 10.9.2022, *ruppiner-seenland.de*

Im Harz
Der Heinrich-Heine-Weg auf den Brocken führt entlang des Gebirgsbachs Ilse

Recycelt
Das braucht's für Sommerwanderungen: Das leichte Shirt aus schnelltrocknendem Tencel kühlt auf der Haut und ist geruchshemmend. Da passt dann auch noch eine Einkehr. **Poloshirt Vilan von Schöffel, ca. 50 Euro**

Auslaufsicher
Die widerstandsfähige Flasche aus Recyclingmaterial kann mit Karabinerhaken am Rucksack befestigt werden und ist so robust, dass sie auch mal hinfallen darf. **Narrow Mouth Sustain von Nalgene, ca. 16 Euro**

Komfortabel
Praktische Kreuzung aus schützendem Wanderstiefel und leichtem Laufschuh. Der Wandersneaker ist wasserdicht und geländegängig. **Nxis Evo Mid von Keen, ca. 160 Euro**

Sommer im Gepäck

Leichte und luftige Begleitung zum Mitreisen gesucht? Hier kommt sie!

Knitterfrei
Winziges Packmaß, trocknet fix und hält mit Geraniol auch noch Mücken ab: Diese Hose ist der perfekte Begleiter an warmen Tagen. **Farley V von Vaude, ca. 70 Euro**

Unkaputtbar
Die Sonnenbrille sitzt federleicht auf der Nase und macht alles schadlos mit, sogar heftiges Biegen. Made in Austria. **Gi26 Kingston von Gloryfy, ca. 149 Euro**

Minimalistisch
140 Gramm: Wenn die Jacke aus Merinowollmix nicht vor Wind und Wetter schützen soll, lässt sie sich in der Brusttasche verstauen. **Windbreaker von Ortovox, ca. 190 Euro**

Sofort startklar
Ohne Mineralöl, Mikroplastik, Duft- oder Farbstoffe – in der Creme steckt nur, was ein Sonnenschutz fürs Gesicht braucht. Und wenn's sein muss, passt sie auch in die Hosentasche. **Sensitiv Sonnencreme50+ von Jean & Len, ca. 9 Euro**

Durchdacht
Mit Kompressionsbändern lässt sich der Wanderrucksack (710 g) ganz flach packen, in den Gurten sind Sonnenbrille und Geld griffbereit. **Speed Lite 25 von Deuter, ca. 120 Euro**

▶▶ Jetzt im Abo lesen

2 Ausgaben frei Haus

- Nur 12,90 €*
- 27% Ersparnis
- Plus TOP-Extra

ADAC
Reisemagazin
Das Besondere erleben & genießen

Ersparnis
27%

Sächsische Schweiz
Wandern durch die Natur-
landschaft Elbsandsteingebirge

Schönes Stockholm
Die Stadt der 14 Inseln bietet
viel Moderne und Tradition

SPEZIAL
E-BIKE
Kaufberatung &
Ziele für Radurlaub
in Deutschland

Sommerliebe Kroatien
Dalmatien
Historische Städte Dubrovnik und Split. Bootstörn durch
die Inselwelt. Camper-Geheimtipps und frische Adriaküche

amazon.de Gutschein

€ 5

Dieser Amazon.de Gutschein
wird Ihnen zur Verfügung
gestellt von:
BONAGO :)
Ihre Belohnungsexperten

€ 5 Amazon.de-Gutschein
Für die nächste Online-Shopping-Tour
Ohne Zuzahlung
[1] [3] [4] [9]

TankBON Tankgutschein

ARAL Shell ESSO
Total star eni
OMV Westfalen

TankBON-Wert
€ 5

BONAGO
Incentive Marketing Group

€ 5 TankBON-Gutschein
Mit diesem Tankgutschein tanken Sie bequem
und flexibel an zahlreichen Partnertankstellen.
Ohne Zuzahlung
[1] [3] [3] [6]

Diese und viele weitere attraktive Extras einfach online bestellen:

reise-magazin.com/testen

0781 639 66 54

Entspannungsort
Der St. Patrick's Park direkt
neben der Kirche ist ein
beliebter Picknickplatz

Dublin

TRADITION, MODERNE & NATUR

Dublin ist auf den ersten Blick
eine eher spröde Schönheit.
Aber wer einmal hier den
Dreiklang Musik, Literatur
und Kneipenkultur erlebt hat,
ist verliebt. Denn die Stadt
an der Liffey ist authentisch
und ihre Einwohner zeigen
im Pub, was diese Stadt
ausmacht: dass jeder sein
darf, wie er mag

Text Manu Schmickler

Wohnzimmer für alle
Im Pub wird der Feierabend
zelebriert mit Musik, netter
Gesellschaft und Getränken

St. Patrick
Die größte Kirche
Dublins ist zugleich
die größte Irlands

Wer Dublin erleben möchte, muss in den Pub. Aber die Stadt steht nicht nur für Stout und Whiskey, sondern auch für Literatur und Musik

Der Dubliner verbringt seine Zeit mit Schwatzen und Rundgängen durch die Bars, Schenken und Spelunken, ohne je seine doppelten Quantitäten von Whiskey oder Home Rule satt zu kriegen, und nachts, wenn nichts mehr reingeht und er mit Gift angefüllt ist wie eine Kröte, stolpert er aus einem Nebenausgang und geht, geleitet vom instinktiven Wunsch nach Standhaftigkeit, die geraden Häuserfronten entlang und schrubbt seinen Rücken an allen Mauern und Ecken. So zumindest erzählte es James Joyce vor über 100 Jahren. Dem Schriftsteller war seine Heimatstadt zu eng und zu katholisch, er wanderte aus – aber mit seinem Roman „Ulysses" hat er ihr ein Denkmal gesetzt. So ist das halt: Aus der Ferne ist vieles klarer – auch die Liebe. Die Dubliner haben für ihn das James Joyce Centre eröffnet und für seinen bekanntesten Roman sogar einen eigenen Feiertag eingeführt. Am 16. Juni feiern sie Bloomsday, benannt nach der Hauptfigur Leopold Bloom.

Katholisch ist Dublin noch immer, viel getrunken wird auch. Immerhin hat die Stadt gut 800 Kneipen und die meistbesuchte Sehenswürdigkeit ist, vielleicht auch weil der Ruf vorauseilt, die Guinness-Brauerei. Wer Dublin erleben möchte, muss also irgendwann auch in den Pub, am besten in mehrere, allerdings erst später. Schließlich steht die Stadt nicht nur für Stout und Whiskey, sondern auch für Literatur und Musik.

Ein wunderbarer Einstieg ist das Little Museum of Dublin mit der Aktion „City of Thousand Welcomes". Dabei bringen echte Dubliner den Besuchern ihre Heimat nahe. Das kostet nichts, dauert etwa eine Stunde und vermittelt einen völlig subjektiven Eindruck. Wenn diese Tour wegen der Pandemie nicht buchbar ist, lohnt sich der Besuch des Museums, das sich mit den vergangenen 100 Jahren der Stadt auseinandersetzt, aber dennoch. U2-Fans müssen in den zweiten Stock, James-Joyce-Liebhaber nach draußen

Altehrwürdige Hallen Wie ein Kirchenschiff wirkt die Bibliothek des Trinity College

in Dublins beliebtesten Park, Saint Stephen's Green. Der ist übrigens ein Geschenk der Guinness-Brauerei an die Bürger. Anschließend hat man einen kleinen Eindruck von der Stadt, ihrer Geschichte und ihren Einwohnern. Für eine Hauptstadt ist Dublin übersichtlich. Etwa 550.000 Menschen leben hier, in der Metropolregion etwa eine Million. Die meisten Sehenswürdigkeiten lassen sich beim Flanieren erleben, und wenn die Schuhe drücken, hilft die Straßenbahn. Eine Tour im Doppeldecker-Bus gehört auch dazu, auf vielen steht An Lár. Das ist kein bestimmter Ort, sondern lediglich das irische Wort für Stadtzentrum. Also: bitte einsteigen. Übrigens ist es hier üblich, beim Einsteigen zu grüßen und sich beim Rausgehen mit „Thank you" zu verabschieden.

Stadttour mit dem Bus

Gerade an Regentagen sind die Sitze oben, am besten recht weit vorn, ein gemütlicher Platz mit Rundumblick auf die Stadt: auf die roten georgianischen Backsteinhäuser mit ihren bunten Türen (angeblich, damit man sein Zuhause im betrunkenen Zustand nicht

verwechselt) und auf die moderne Architektur wie das Convention Centre in den Docklands oder den Glasbau am Grand Canal, in dem Facebook residiert. Und natürlich auf die Liffey, wo 841, zur Wikingerzeit, ein Hafen und die erste Siedlung entstanden, etwa da, wo heute am Wood Quay Büroblocks in den Himmel ragen. Das allerdings ist auch eine merkwürdige Geschichte: Als 1974 das Areal am Fluss für diese Bauten freigelegt wurde, kamen die Strukturen der ursprünglichen Wikingersiedlung zum Vorschein. Archäologen aus aller Welt freuten sich über den herausragenden Fund. Aber die Appelle der Wissenschaftler nutzten genauso wenig wie Demonstrationen: Dublins Frühgeschichte wurde planmäßig überbaut. Die Wikinger nannten den Ort damals Dubh Linn, Schwarzer Pfuhl. Besonders gemütlich und schmeichelhaft klingt das nicht – und heute ist der Name auch alles andere als treffend. Dublin ist bunt und lebendig, zum Teil auch hektisch. Aber das kann uns als Touristen egal sein. Wir haben Zeit für Entdeckungen.

Abseits der Hektik – Trinity College

Vorbei an der Statue von Molly Malone, deren Dekolleté golden leuchtet, geht es durch den Torbogen an der Grafton Street über Kopfsteinpflaster ins Trinity College. Die weltberühmte Universität wurde 1592 gegründet, unter der Schirmherrschaft von Königin Elisabeth I. Ihr Plan: Die jungen protestantischen Menschen davon abhalten, Richtung Festland abzuwandern und dort am Ende noch Papist zu werden – so nannte man damals die Katholiken. Gut 200 Jahre war Trinity tatsächlich das Privileg protestantischer Studenten. Danach durften sich auch Katholiken einschreiben. Die katholische Kirche hielt davon jedoch nichts und bis 1970 galt eine Entscheidung für das Studium dort gleichzeitig als eine gegen die Kirche. Heute wird hier noch immer studiert, der Eingang steht aber auch allen

Herz der Stadt
An der O'Connell Bridge über der Liffey präsentiert sich Dublin bunt und quirlig

Berühmtheit
Für sein literarisches Werk setzten die Dubliner James Joyce ein Denkmal

Nostalgisch
Die 43 Meter lange Halfpenny Bridge überspannt seit 1816 die Liffey

Städtereise Dublin

Gesellig
Ob drinnen oder draußen:
Im beliebten Temple Bar
Pub ist immer was los

Unkonventionell
Sein Denkmal hätte
dem Dandy Oscar Wilde
sicher gut gefallen

Musikalisch
Die Samuel Beckett
Bridge ähnelt einer
Harfe, eines der
Wahrzeichen Irlands

Der Long Room wirkt wie eine Kathedrale des Wissens. Es ist ein eigenartiger Geruch, leicht süßlich, nach Staub und Leder

anderen offen, denn hier lagert ein echter Schatz: das Book of Kells. Die weltberühmte Handschrift der vier Evangelien stammt etwa aus dem Jahr 800 und liegt unter Glas. Von den 680 Seiten sind immer nur zwei zu sehen, jeden Tag wird eine umgeblättert. Wer also die gesamte Bilderpracht sehen möchte, muss etwa 170 Tage hintereinander kommen. Eine Treppe höher wird es noch eindrucksvoller: Der „Long Room" wirkt ein wenig wie eine Kathedrale des Wissens. Es ist ein eigenartiger Geruch, leicht süßlich, nach Staub und Leder. Unter der tonnengewölbten, 65 Meter langen Decke werden über 200.000 antike Bücher in Regalen auf zwei Ebenen aufbewahrt, bewacht von den Büsten berühmter Philosophen und Schriftsteller. Bram Stoker, Jonathan Swift, Samuel Beckett und Oscar Wilde haben hier vermutlich auch schon in Seiten geblättert.

Letzterer fläzt sich heute als Statue im extravagant grün-roten Sakko auf dem eleganten Merrion Square, wo er aufgewachsen ist. Passt. In Dublin wird Kultur gefeiert, und alles geht wunderbar zusammen: Man ist stolz auf seine Literaten (sogar vier Nobelpreisträger!), feiert die Musik und zelebriert das Zusammensein. Wenn sich Musiker zu einer Session im Pub zusammenfinden, darf jeder mitmachen, der ein Instrument mitbringt. Es ist erstaunlich, wie gut die zusammengewürfelten Gruppen harmonieren. Zu genau hinhören darf man nicht immer. Bei „Waila, the Woman from the Woods" schunkelt man nämlich zur Melodie einer Geschichte, in der eine Mutter ihr Kind umbringt und am Galgen landet. In Dublin ist Livemusik gefühlt überall, drinnen und draußen. In der Grafton Street etwa hatten U2 ihre ersten Auftritte mitten in der Einkaufsstraße, und an Heiligabend kommt es vor, dass Bono, Damien Rice und Glen Hansard hier Weihnachtslieder mit Passanten singen. Was für die Dänen Hygge, ist für die Iren Craic, ein Wohlgefühl, zu dem für Iren andere Menschen und Humor gehören. Und das am liebsten im Pub.

Traditionsreich
Ein Besuch der Guinness-Brauerei von 1759 gehört zu einem Dublin-Trip dazu

Die meisten Touristen landen auf der Suche nach Craic in Temple Bar, dem Viertel mit der höchsten Pub-, Restaurant- und Clubdichte. Allerdings finden sich auch (fast) in jedem anderen Teil der Stadt genügend Tresen und Nischen. Diese Kombination macht einen Dubliner Pub aus. In sich zurückziehen und aus sich herausgehen, je nach Laune oder Veranlagung, für beides ist hier genau der richtige Platz. In den meisten wird Guinness ausgeschenkt, dieses schwarz wirkende Bier, das eigentlich rot ist und eine fingerdicke, sahnige Crema trägt. Das gehört zu Dublin dazu, auch wenn die Brauerei seit Jahren einem britischen Konzern gehört. Arthur Guinness, der Gründer, hat das Brauereigelände am Silvestertag des Jahres 1759 für 9000 Jahre gepachtet. Ganz schön optimistisch. Im Guinness Storehouse, dem Museum, das auf sieben Stockwerken in einer ehemaligen Gäranlage in der St. James's Gate Brewery untergebracht ist, werden Brauwesen und Marke erklärt. Ganz praxisnah, wenn man möchte,

mit Zapflernkurs inklusive Kleeblatt im Schaum. Zum Abschluss des Besuchs geht's in die Gravity Bar auf ein Pint. Wer bis dahin noch nicht begeistert war, ist es jetzt: Im gläsernen Rundbau auf dem Dach ist der Ausblick über die Stadt beeindruckend. Rechts die Wicklow Mountains, links das Wellington Monument und geradeaus die Dublin Bay. Wer Zeit hat, guckt sich die aus der Nähe an, mit dem Zug ist Howth schnell erreicht, wo sattgrüne Klippen ins Wasser kriechen. Der Ort, an dem auch James Joyces „Ulysses" endet, ist ein würdiger Abschluss. Denn spätestens hier wird klar: Dublin ist nicht eng, sondern offen.

Manu Schmickler
mag Dublin besonders abends, wenn es bunt wird, und sich die Lichter der Pubs in der Liffey spiegeln

NAVIGATOR **Dublin**

In Dublin gehören Literatur, Pop- und Pubkultur untrennbar zusammen. Wer die Stadt kennen lernen möchte, singt mit Fremden, probiert Guinness, das in Irland anders schmeckt als bei uns und blickt über die Bucht von Dublin

HIGHLIGHTS

❶ Trinity College
Spazieren ist außerhalb der ehrwürdigen Universität gratis, der Blick hinein kostet 18 Euro, gehört aber einfach dazu.
🌐 *tcd.ie/visitors*

❷ Old Jameson Distillery
1780 gründete John Jameson die gleichnamige Destillerie. In der heute stillgelegten Brennerei

wird das Wissen über Whiskey unterhaltsam vermittelt, Kostprobe natürlich inklusive.
🌐 *jamesonwhiskey.com*

❸ Guinness Storehouse
Brau-Wissen und Anekdoten aus 200 Jahren Firmengeschichte werden auf sieben Stockwerken vermittelt. Der krönende Abschluss: ein Pint Guinness mit 360-Grad Panoramablick.
🌐 *guinness-storehouse.com*

❹ Merrion Square
Hier sind sie, die berühmten bunten Türen von Dublin, am schönsten auf der Ostseite des Platzes. Seit dem 18. Jahrhundert gehört der zu den besten Adressen – Oscar Wilde hat als ehemaliger Bewohner hier ein Denkmal bekommen.

❺ Powerscourt Centre
Heute ist die ehemals aristokratische Stadtresidenz eine der

hübschesten Shoppingadressen der Stadt. Wer weder Antiquitäten noch Brautkleider benötigt, genießt die elegant entspannte Atmosphäre im Café des überdachten Innenhofs.
🌐 *powerscourtcentre.ie*

❻ Grand Canal
Der Kanal südlich des Stadtzentrums wurde 1811 eröffnet und bietet eine tolle Kulisse für einen romantischen Spaziergang. Übrigens: Echter Dubliner ist nur, wer zwischen Grand Canal und Royal Canal geboren ist.

❼ Halfpenny Bridge
100 Jahre lang nach der Eröffnung 1816 war ein halber Penny für die Nutzung fällig. Damals hieß die gusseiserne Brücke aber noch Wellington Bridge.

❽ Little Museum of Dublin
Die über 5000 Ausstellungsstücke wurden allesamt von Dublinern zusammengetragen. Das Beste aber sind die humorvollen Führungen, in denen man Dinge über Dublin erfährt, die in keinem Reiseführer stehen.
🌐 *littlemuseum.ie*

ANREISE

Die Anreise mit dem eigenen Auto lohnt sich nur, wenn man eine Weile bleiben möchte. Denn die Fähre von Cherbourg nach

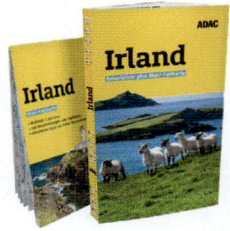

Rosslare benötigt 15,5 Stunden, egal ob mit Stena Line oder Brittany und kostet ca. 500 Euro. Der Flughafen Dublin ist von jedem größeren Flughafen mit Aer Lingus, Eurowings oder Lufthansa in ca. 2 Stunden zu erreichen. Wichtiges Accessoire: Ein Steckdosenadapter Typ G ist erforderlich, um Smartphones etc. zu laden.

ÜBERNACHTEN

1 Harrington Hall
Direkt am Stephen's Green warten 29 Zimmer in einem georgianischen Stadthaus auf Gäste, die die kurzen Wege zum Viertel Temple Bar schätzen, aber dennoch ruhig schlafen wollen.
© DZ ab ca. 140 Euro
⊕ *harringtonhall.com*

2 Ariel House
Jennie McKeowns detailverliebt eingerichtetes Hotel erstreckt sich über drei Häuser im viktorianischen Stil. Das köstliche Frühstück mit Produkten aus der Region unbedingt mitbuchen und genießen!
© DZ ab ca. 120 Euro
⊕ *ariel-house.net*

3 Pembroke Townhouse
Früher gehörte Ballsbridge dem Earl of Pembroke – daran erinnert der Name des Hotels in dem georgianischen Stadthaus. 25 Gehminuten vom Zentrum entfernt, kostenlose Parkplätze.
© DZ ab ca. 108 Euro
⊕ *pembroketownhouse.ie*

4 Schoolhouse Hotel
Urig ist es im alten Schulhaus von 1859, von den Blümchen-

tapeten in den Zimmern bis zum lauschigen Garten. Die 31 Zimmer sind nach berühmten Iren benannt. Wenn abends nach einer ausgiebigen Erkundungstour nichts mehr geht: mit einem gut gemixten Cocktail auf den glitzernden Kanal gucken und entspannen!
© DZ ab ca. 170 Euro
⊕ *schoolhouse.ie*

5 Clifden Guesthouse
Der Mountjoy Square Park ist gleich nebenan, bis zum Dublin Castle sind es 15 Minuten, nach Temple Bar etwa zehn. Ideal auch für Familien, denn geräumige Vierbettzimmer sind ab 240 Euro zu haben.
© DZ ab ca. 160 Euro
⊕ *clifdenhouse.com*

6 Clarence Hotel
Die beiden U2-Bandmitglieder Bono und The Edge haben ihr ehemaliges Lieblingshotel gekauft, etwas umgestaltet und 1996 wiedereröffnet. Es ist plüschig, aber schlicht, kein Zimmer ist wie das andere und der Blick über die Liffey gibt das echte Dublin-Gefühl obendrauf.
© DZ ab ca. 180 Euro
⊕ *theclarence.ie*

ESSEN & TRINKEN

1 Fish Shop
Fish and Chips wird hier zelebriert: Der Fang des Tages kommt in Bierteig frittiert mit daumendicken Pommes auf die Hand. Da merkt man erst, wie genial das schmecken kann. Wer mehr Zeit hat, reserviert ein Plätzchen und wählt das fangfrische Tages-

menü mit dem passenden Wein (oder Bier).
⊕ *fish-shop.ie*

2 The Brazen Head
In Irlands ältestem Pub bekommen Gäste schon seit 1198 frisch gezapftes Bier. Bei elf Sorten sollte das passende dabei sein. Und damit es etwas mehr sein darf, schaffen Sandwiches oder noch besser das „Beef and Guinness Stew" eine gute Grundlage.
⊕ *brazenhead.com*

3 The Temple Bar
Keine Pub-Fassade wird öfter fotografiert als diese. Das liegt daran, dass sie schon von Weitem knallrot leuchtet und mitten im beliebten gleichnamigen Ausgeh-Viertel liegt. Und auf die Livemusik ist Verlass – täglich.
⊕ *thetemplebarpub.com*

4 Kehoes
Ziemlich praktisch, dass der Wirt gleich über der 1803 eröffneten Bar wohnte. Denn die mit Mahagoni ausgestattete Kneipe in der Nähe der Grafton Street hat mit ihren Separées so viele Besucher angezogen, dass die Wohnung jetzt Teil des Pubs ist.
⊕ *kehoesdublin.ie*

5 Oxmantown
Das Brot wird von der Firehouse Bakery geliefert, der Kaffee kommt von der kleinen Rösterei

Cloud Picker und das Fleisch von Bauernhöfen der Region. Kurzum: Falls Sie auf der Nordseite der Liffey Appetit haben, kehren Sie hier ein. Bessere Pastrami-, Grilled-Cheese- oder Black-Pudding-Sandwiches gibt es kaum.
⊕ *oxmantown.com*

6 L. Mulligan Grocer
Selbstverständlich kann man in dem traditionellen Pub wunderbar Craftbeer trinken. Aber man sollte etwas dazu ordern: zum Hopburgh Helles ein Scotch Egg. Zum O' Brother Entenbrust. Zum Kinnegar einen Blutwurst-Burger. Ja, Bier kann wahrlich mehr als nur die Zunge lockern!
⊕ *lmulligangrocer.com*

7 The Virgin Mary
Das Kontrastprogramm: In diesem Pub gibt es alles, was es in anderen Pubs auch gibt – nur ohne Alkohol: Bier, Wein, Cocktails und Musik. Wer hungrig ist, bekommt würziges malaysisches Streetfood, natürlich vegetarisch. Selten war ein Abend im Pub so gesund.
⊕ *thevirginmarybar.com*

8 Gallagher's Boxty House
Einmal Dublin Coddle, bitte: Black Pudding (Blutwurst) und Ham Hock (Schweinshaxe) mit Püree und Brot. Oder Lamm-Eintopf. Oder Schweinebauch. Im Boxty House wird irisch gekocht – und zwar richtig gut.
⊕ *boxtyhouse.ie*

INFORMATIONEN

Weitere Tipps und Infos:
⊕ *visitdublin.com*

Ratgeber

Sicherheit

Auto- und Wohnmobilreise:
So schützen Sie sich vor
Diebstahl und Abzocke
Seite 112

Gesundheit

Mücken und andere
Plagegeister auf
Reisen – was hilft?
Seite 114

Reiserecht

Kreuzfahrt: Hafenausfälle, Routenänderungen etc. Welche Ansprüche
kann ich geltend machen?
Seite 115

Auto- und Wohnmobilreise: So schützen Sie sich vor Diebstahl und Abzocke

Fingierte Pannen, **Wohnmobileinbrüche**, Fahrzeugklau
– Kriminelle treiben auf Reiserouten mit vielen Tricks ihr
Unwesen. Wer sie kennt, kann sich dagegen wappnen

Text Christoph Seifert

Die Urlaubssaison steht vor der Tür und auch in diesem Jahr werden wieder viele mit dem Auto oder Camper auf Tour gehen. Besonders auf den Reiserouten rund um das Mittelmeer und Südeuropa treiben in der Ferienzeit Trickdiebe und Kriminelle ihr Unwesen, geben sich als vermeintliche Helfer bei vorgetäuschten Pannen aus oder brechen in Wohnmobile ein. Die häufigsten Tricks und wie man sich schützen kann:

Der Pannentrick: Diese Masche ist besonders in Spanien verbreitet. Auf Rastplätzen oder während der Fahrt werden Reisende darauf hingewiesen, dass etwas mit ihrem Auto nicht stimme, etwa ein Reifen defekt sei. Steigt man aus, um nachzusehen, stiehlt ein Komplize unbemerkt Wertsachen aus dem Wagen und die Ganoven brausen davon. Tipps: Sollte Sie jemand während der Fahrt auf Defekte am Auto hinweisen und zum Anhalten auffordern: Handy zeigen, mit dem Sie Hilfe rufen. Sprechen vermeintliche Helfer Sie auf dem Rastplatz an, möglichst sitzen bleiben und das Auto absperren. Und kontrollieren Sie Ihr Fahrzeug nach jedem Stopp, besonders die Reifen – von zerstochenen Pneus wird auch aus Italien, Slowenien und Ungarn berichtet.

Der Spiegeltrick: Hiervon wird vor allem in Italien berichtet, betroffen sind oft Wohnmobile und Gespanne. Betrüger behaupten, man habe im Vorbeifahren ihr Auto gestreift und den Außenspiegel beschädigt. Das zeige ein schwarzer Streifen – aufgemalt vom Gauner, der nun Geld fordert. Tipp: Bestehen Sie darauf, die Polizei zu rufen, dann ziehen die Betrüger meist ab.

Falsche Pannenhelfer: Für Ost- und Südosteuropa warnt der ADAC vor falschen Pannenhelfern, die sich als Gelbe Engel ausgeben und Reisenden viel Geld für Abschlepp- und teils unnötige Werkstattleistungen abknöpfen. Die Betrüger nutzten Fahrzeuge in der farblichen Gestaltung der Pannenhilfe-Autos, nicht selten mit der Aufschrift „Im Auftrag des ADAC". Oft warteten sie bereits an der Autobahn, um direkt nach einer Panne aufzutauchen und Hilfe anzubieten. Anrufe bei Auslandsnotrufen würden oft fehlschlagen, da die Kriminellen Störsender in ihren Fahrzeugen installiert haben. Tipp: In so einer Situation sollten Autofahrer ihr Fahrzeug abschließen und sich einige Meter entfernen und von dort ggf. den Auslandsnotruf kontaktieren.

Wohnmobil-Einbrüche: Speziell Südfrankreich gilt vermehrt als Tatort für eine besonders perfide Methode: Hier wird von Fällen berichtet, in denen Kriminelle auf Autobahnrastplätzen Betäubungsgas in das Fahrzeug leiteten und Schlafende unbemerkt ausraubten. Tipps: Übernachten Sie nur auf ausgewiesenen Camping- und Stellplätzen und

Reisevorbereitung
Kopien der Fahrzeug- und Ausweispapiere sowie die Nummer der Bank, um Geld- und Kreditkarten sperren zu lassen, gehören ins Reisegepäck. Im Handy sollte die Nummer des Pannendienstes eingespeichert sein. Tipp: ADAC Mitglieder erreichen den ADAC Notruf bei einer Panne im Ausland unter Tel. +49 89 22 22 22.

sichern Sie Fahrerhaustüren von innen z. B. mit Spanngurten durch die Haltegriffe. Zusatzschlösser, Querriegel, Gaswarngeräte, Kontaktsensoren zur Überwachung für Fenster und Türen etc. gibt es als Zubehör.

Fahrzeugklau durch Keyless-System: Bei der beliebten Schließtechnik Keyless müssen Autobesitzer den Schlüssel nur bei sich tragen, zum Öffnen ist kein Tastendruck nötig. Tückisch: Autodiebe müssen sich nur mit einem kleinen Gerät in der Nähe des Autoschlüssels aufhalten und mit einem zweiten Gerät in der Nähe der Autotür. So verlängern sich die Reichweiten der Signale um Hunderte von Metern – und das Auto lässt sich bequem öffnen und starten. Tipps: Wer ein Auto mit Keyless-Schließsystem besitzt, sollte in der Betriebsanleitung nachsehen, ob es sich deaktivieren lässt. Und: Lassen Sie generell keine Wertsachen im Fahrzeug liegen. Weitere Tipps und Infos unter: *adac.de/diebstahl*

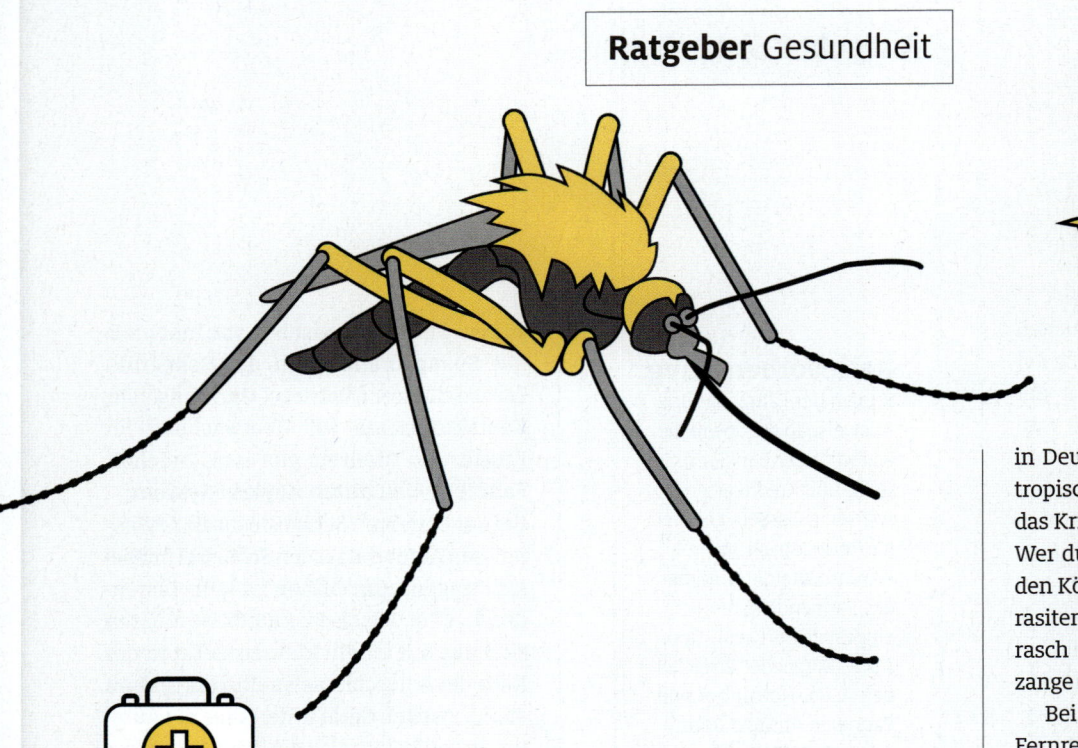

Mücken und andere Plagegeister auf Reisen – was hilft?

Mücken, Stechfliegen und Zecken können **gefährliche Krankheiten** übertragen – auf Fernreisen und auch in heimischen Gefilden. So schützen Sie sich

Text Christoph Seifert

Wer einmal einen Bremsenstich erlitten hat, der weiß, wie unangenehm das sein kann: Die Wunde schmerzt und kann beträchtliche Beulen hervorrufen. Bremsen können zwar auch Krankheiten wie Borreliose übertragen, in Deutschland ist das laut Umweltbundesamt bisher aber nicht bekannt. Sicherheitshalber sollte man einen Stich dennoch beobachten.

Anders sieht es mit Plagegeistern wie Mücken oder Zecken aus. Letztere sind bekannt als Borreliose-Überträger, einer bakteriellen Infektionskrankheit, zudem können sie die gefährliche Frühsommer-Meningoenzephalitis (FSME) auslösen, eine durch Viren hervorgerufene Entzündung des Gehirns und der Hirnhäute. Bei Borreliose helfen Antibiotika, gegen FSME kann man sich impfen lassen. Seit einigen Jahren ist

in Deutschland auch die deutlich größere tropische Hyalomma-Zecke unterwegs, die das Krim-Kongo-Fieber verursachen kann. Wer durch Wald und Wiesen streift, sollte den Körper daher anschließend auf die Parasiten untersuchen und diese möglichst rasch entfernen, z. B. mit einer Zeckenzange (in der Apotheke).

Bei den Mücken ist besonders die auf Fernreisen gefürchtete nachtaktive Anophelesmücke hervorzuheben, die Malaria übertragen kann. Vorbeugende Medikamente können schützen. Das Dengue-Fieber, gegen das es wie gegen Malaria keine Impfung gibt, wird vor allem von der tagaktiven Asiatischen Tigermücke übertragen, die mittlerweile auch in Südeuropa heimisch ist. Es kann nur symptomatisch behandelt werden – aber nicht mit Acetylsalicylsäure (z. B. Aspirin), da der Wirkstoff die Blutungsneigung verstärken kann. Am besten lässt man sich vor der Reise tropenmedizinisch beraten (Ärzte über *dtg.org*).

Stichen und Bissen vorbeugen

Ansonsten gilt es, Stiche und Bisse möglichst zu vermeiden. Hilfreich: helle, lockere Kleidung, die viel Körperfläche bedeckt, sowie geschlossene Schuhe, Socken und Kopfbedeckung. Im Hotelzimmer schützen Moskitonetze und eine kühle Klimaanlage, was Stechmücken nicht mögen. Mückenschutzmittel sind obligatorisch. Sie sollten eine Viertelstunde nach dem Sonnenschutz und nur auf intakte Haut (nicht auf Wunden) aufgetragen werden. Bewährt haben sich die Wirkstoffe Icaridin und DEET, Dimethylphtalat (DMP) und Insect Repellent (IR) 3535, bei pflanzlichen Produkten z. B. Zitronella und Teebaumöl. Vorsicht: Meerwasser, Schweiß, Kosmetika etc. schwächen die Mückenabwehr! Weitere Infos: *adac.de/mueckenschutz*

Kreuzfahrt: Hafenausfälle, Routenänderung etc. Welche Ansprüche kann ich geltend machen?

Werden vertraglich **vereinbarte Reiseleistungen** nicht erbracht, können Reisende rechtliche Ansprüche geltend machen – unabhängig vom Verschulden des Veranstalters

Text Christoph Seifert

Auf der geplanten Fahrtroute tobt ein Sturm, sodass ein Hafen nicht angelaufen werden kann; ein Liegeplatz ist unerwartet besetzt; ein Landausflug findet nicht wie geplant statt … Es gibt vieles, was auf einer Kreuzfahrt schiefgehen und das Urlaubsvergnügen trüben kann. Das muss natürlich nicht anstandslos hingenommen werden – auch dann nicht, wenn der Veranstalter keine Schuld trägt, weil beispielsweise höhere Gewalt im Spiel ist.

Bei einer Kreuzfahrt handelt es sich um eine Pauschalreise, die im Gegensatz zur Individualreise einen besonderen rechtlichen Schutz genießt. Für die Zahlung des Reisepreises muss der Veranstalter im Gegenzug die vereinbarten Reiseleistungen erbringen. Kann er dies nicht, können Kreuzfahrtgäste rechtliche Ansprüche geltend machen. So können Reisende bei erheblichen Leistungsänderungen kostenfrei, also ohne Stornogebühr, vom Reisevertrag zurücktreten. Ob eine Änderung „erheblich" ist, muss allerdings im Einzelfall geprüft werden. Dies kann etwa der

Fall sein, wenn ein im Katalog besonders hervorgehobener Aspekt der Kreuzfahrt wegfällt oder die Reise mit einem anderen Schiff angetreten wird.

Teils hohe Reisepreisminderung
Ist man bereits unterwegs, kann bei Routenänderungen etc. grundsätzlich eine Reisepreisminderung geltend gemacht werden. Zunächst sollte man die Reiseleitung, das Reisebüro oder den Veranstalter über etwaige Mängel informieren, damit diese ggf. behoben werden können bzw. für angemessenen Ersatz gesorgt werden kann.

Ansonsten wird die Reisepreisminderung im Anschluss je nach Einzelfall bestimmt und anhand der individuellen Beeinträchtigung der Kreuzfahrt berechnet. Laut Rechtsprechung besteht bei einer geänderten Route beispielsweise Anspruch auf eine Reisepreisminderung von 15 bis 50 Prozent des Tagesreisepreises, bei ausgefallenen Landgängen oder nicht angelaufenen Häfen zwischen 15 bis 70 Prozent des Tagesreisepreises. Keinesfalls sollte man vorschnell Entschädigungen wie Bordguthaben etc. akzeptieren. Auch AGB-Klauseln der Veranstalter wurden bereits häufig für unwirksam erklärt. Weitere Tipps und eine Tabelle zur Reisepreisminderung bei Kreuzfahrten unter: *adac.de/schiffsreisen*

PERFEKTES DÜNEN-PROGRAMM

Wer im Urlaub vor allem Freiraum braucht, kann beim Wandern in der größten Sandwüste der Erde geradezu euphorisch werden. Omans Rub al-Chali fasziniert mit surreal wirkenden Gebirgen aus Sand und einem Sternenhimmel, wie ihn sonst wohl nur Astronauten erleben

Text & Fotos Dietmar Denger

Oman

Meer aus Sand
Die Wüste Rub al-Chali
ist fast zweimal so groß
wie Deutschland

Großes Naturkino
In der pechschwarzen
Nacht funkeln
Abermillionen Sterne
am Himmel

Tea time
Der Morgen wird mit
einem frisch gebrühten
Tee eingeläutet

Unter Dünenriesen
Das Gehen ist die einzig
adäquate Art des Reisens
in der Wüste, sagt Guide
Jerome Blösser

Experte fürs Sandige
Guide Jerome Blösser
durchquert seit 30 Jahren
die Wüsten der Welt

Wüstenbewohner
Die Wüste ist
unwirtliche Einöde und
Lebensraum zugleich

Blühendes Leben
Bei viel Regen im Winter
sprießen in der Rub
al-Chali auch die Blumen

Lagerplatz
Begleitende Geländewagen
transportieren Wasser,
Vorräte und Zelte zu den
Etappenzielen

Soukbesuch
Weihrauch brachte
Oman einst seinen
Reichtum ein

Gebetsort
Palastwache in
der Sultan-Qabus-
Moschee in Salalah

Wie die perfekten Tuscheschwünge meisterhafter Kalligraphen winden sich die Grate der Sandberge harmonisch himmelwärts

Die aufregendsten Reisen beginnen dort, wo Straßen enden. An einem baufälligen kleinen Kiosk im Nirgendwo nehmen unsere schwer beladenen Geländewagen das abrupte Ende vom Asphalt mit einem tiefen Rumpler, ab jetzt ziehen wir eine dicke Sandwolke hinter uns her. Vom Arabischen Meer in Salalah aus sind wir drei Stunden in den Norden gefahren, vorbei an den Ruinen des antiken Städtchens Ubar, das die Wüste bereits vor 2000 Jahren unter sich begraben hat. Hinein ins „Leere Viertel", so die Übersetzung für Rub al-Chali. Die größte Sandwüste der Erde! Fast zweimal so groß wie Deutschland und mit 300 Meter hohen Dünen so unwirtlich, dass sogar die meisten Beduinen sich nur an ihre Ränder wagen.

Riesenhaft heben sich die Dünen am Horizont nun aus der kargen Ebene ab, über der die Luft flimmert. Und entpuppen sich aus der Nähe betrachtet als gigantische Kunstwerke der Natur. Wie die perfekten Tuscheschwünge meisterhafter Kalligraphen winden sich die Grate der Sandberge harmonisch himmelwärts, ins perfekte Licht gesetzt von der tiefstehenden Nachmittagssonne.

Unser Guide schaut auf sein GPS. „Hier links ab", ruft Jerome Blösser unserem omanischen Begleiter Amur zu, dann verlassen wir die staubige Piste und biegen ab, mitten hinein in ein endloses Meer aus Sand. Zu Anfang muss aber noch Druck aus den Reifen gelassen werden, damit sie mehr Auflage auf dem Sand haben. Damit nehmen die Toyotas die Anstiege dann verblüffend spielend, solange der Anlauf rasant genug ist. Nach dem ersten kleinen Schock, wenn das Auto mit heulendem Motor auf eine Mauer aus Sand zufährt und dann steil in die Höhe steigt, macht es Spaß. Noch ein bisschen Zickzack durch die Düne, dann ist der Lagerplatz erreicht, von dem aus unsere Wandertour beginnt.

Stille und Sterne

Am frühen Abend kann man mit einem Mal dem eigenen Herzschlag lauschen. Über die Gegend legt sich eine Stille, die am ersten Tag fast unheimlich wirkt. Wenn die Wüste die letzten Rosatöne verschluckt hat, das Brummen und Säuseln, Zischen und Singen des Windes über den Dünen verstummt, wenn Ohren, Haare und Klamotten halbwegs vom Sand befreit sind, dann lässt sich seelenruhig das spektakuläre Nachtprogramm genießen.

Wer sich als unbeholfener Mitteleuropäer in die größte Sandwüste wagt, hat am besten jemanden dabei, der sich auskennt. Uns führt sogar einer der versiertesten Wüstenwanderer überhaupt durch die Rub al-Chali. Jerome Blösser hat zu Fuß schon viele Sand- und Eiswüsten durchquert und sich dabei mitunter nachts von den Sternen führen lassen. Darum tappen wir auch dann nicht im Dunkeln, als er zum Beduinen-Dinner von den Wandersachen ins traditionelle lange Kurta-Hemd und den Wisar genannten Wickelrock wechselt, auf dem Boden Platz nimmt und zwecks Sternenkunde die große Lager-Lampe ausknipst.

Es kommt einem in diesem Moment so vor, als würden wir auf unserem Riesenteppich im Sand abheben und geradewegs ins All katapultiert werden. Dieser Sternenhimmel über der Wüste ist so präsent, wirkt derart zum Greifen nah, wie ihn sonst wohl nur Raumfahrer erleben. Sand ist ein schlechter Wärmespeicher, darum sorgt bereits kurz nach Sonnenuntergang kühle Luft für Erfrischung und einen unvergleichlich klaren Blick ins All.

Und so machen wir es wie die Nomaden seit ewigen Zeiten. Staunen und schwelgen beim Blick in den Himmel, der ordentlich die Fantasie anregt. Blösser zeigt uns den mythischen Himmelsjäger des Orion, erklärt die Kassiopeia, die ein markantes W in den Nachthimmel zeichnet, und beschreibt seine Methode, wie man sich Sternbilder mit zeitgemäßen Assoziationen manchmal viel besser erschließen kann. „Schaut mal, wenn man sich Sirius als Hundenase vorstellt, sieht das Sternbild Canis Major plötzlich aus wie ein süßer Yorkshire-Terrier." Das putzige Himmelswesen wird man ab jetzt nie mehr los.

Könnte man jetzt gleich posten, doch in dieser Wüste ist man, fernab von Mobilfunk, buchstäblich ganz geerdet. „Die Wüste ist für mich ein Ort, der mich auf den Ursprung des Menschseins zurückwirft", sagt Wüstenwanderer Blösser. „Mit einem Mal fühlst du dich so klein wie ein Sandkorn im Universum." Stimmt!

Ein paar Züge aus der Shisha am Lagerfeuer, spätestens dann hat die Stille vollends ihren ersten Schrecken verloren und man kann sich in sie fallenlassen wie in ein urgemütliches Bett. Der weiche Sand der Rub al-Chali ist die größte Matratze der Welt! Und so zieht ein Teil der Gruppe das Schlafen unterm Sternenhimmel gleich in der ersten Nacht schon den Zelten vor. Auch wenn es erstaunlich abkühlt.

Bergwandern im Oman-Style

Es dauert am Morgen nur wenige Minuten, bis man sich beim Frühstück der Jacke entledigen kann. Dann geht es los. Ab jetzt sind wir sieben Tage lang nur noch zu Fuß unterwegs, unser omanisches Team transportiert in der Zwischenzeit Zelte, Essen und vor allem das Wasser zum nächsten Lager. „Eine Wanderreise verdient für mich den Namen nur, wenn man nach mindestens einer Woche erst wieder im Auto sitzen muss", findet Wüstenexperte Blösser, den wir schon längst „Jerome von Arabien" nennen.

Nach einer kurzen Etappe durch ein flaches Trockental folgen wir dem Bogen eines Dünengrats empor, den der Wind perfekt aus dem Sand geformt hat. Dass Wanderstöcke mit die wichtigste Empfehlung für die Packliste waren, zeigt sich beim Anstieg sofort. Sehen Dünen aus der Entfernung noch

„Die Wüste ist für mich ein Ort, der mich auf den Ursprung des Mensch-seins zurückwirft. Du fühlst dich klein wie ein Sandkorn im Universum"

aus wie für die Ewigkeit in die Landschaft gemeißelt, entpuppen sie sich unter den Fü-ßen als äußerst fragile, weiche Gebilde. Das Gehen bergauf ist vergleichbar mit einem steilen Aufstieg durch Neuschnee.

Ab 9 Uhr zeigt die Sonne, was sie kann. Man spürt es schon jetzt: Noch wichtiger als Stöcke ist die Kopfbedeckung. Die ein-heimische Variante sieht hübsch aus und ist eine feine Sache. Auf Rat unseres Experten haben wir uns in Salalah mit den farben-frohen Tüchern für den omanischen Tur-ban – Massar genannt – eingedeckt. Je nach Sonnenstand zieht man daraus Ecken als Schattenspender ins Gesicht, zugleich kühlt das Tuch, wenn es feucht vom Schweiß wird. Und man schwitzt ordentlich, auch wenn Wintertage in der Wüste mit um die 30 Grad vergleichsweise moderat warm sind.

Unser erster Wüstengipfel erhebt sich nur 150 Meter über die umliegenden Wa-dis, doch die Aussicht ist spektakulär. Wie endlos lange Gebirgsstöcke erhebt sich eine Dünenwand nach der anderen bis zum Hori-zont, dazwischen erstrecken sich die weiten Trockentäler der Wadis.

Ein Berliner in der Wüste
Blösser navigiert ganz im Nomaden-Stil nach Augenmaß, hat zur Sicherheit aber auch GPS und Peilkompass dabei. Er ist jetzt ganz in seinem Element, mittendrin in sei-ner „Seelenlandschaft", wie er die Wüste nennt. Er schaut auf den Dünenhang vor uns, in den der Wind ein perfektes Wellen-muster geformt hat wie beim geharkten Kies in einem Zengarten. „Faszinierend ist, dass die feinen Muster im Sand ihre Entspre-chung auch im ganz großen Maßstab haben, wenn man sich die langgestreckten Dünen-felder und die Wadis dazwischen mal als Satellitenbild auf Google Earth anschaut."

Der Beginn seiner Leidenschaft liegt 30 Jahre zurück. Aufgewachsen in Berlin, „wo der Blick zumeist an der nächsten Haus-mauer endet", und schon immer fasziniert

von Wüstenfotos, durchquerte er 1992 die Sahara, damals noch per Motorrad. Zwei Jahre später entdeckte er bei der Traverse der algerischen Grand Erg Oriental seine Liebe zum Wandern, es folgten Wüsten-durchquerungen in Mauretanien und Na-mibia, Libyen und China.

„Die Wüste wurde über die Jahre meine heimliche Heimat, und jedes Mal, wenn ich nach einer Pause wieder hineinging, war es für mich, wie nach Hause zu kommen." Das hatte Auswirkungen auf sein normales Leben daheim, das sich schon lange nicht mehr normal anfühlte. Er schmiss den gut-bezahlten Managerjob in der Medienbran-che hin und entschied sich, seine Passion für die Wüste und das Reisen zum Beruf zu machen. Mit dem eigenen Reiseunterneh-men teilt er seit einigen Jahren seine Faszi-nation mit wanderbegeisterten Gästen in den menschenleeren Regionen dieser Welt. Und ist privat aber auch auf den Geschmack von Kälte gekommen, hat Island, Lappland auf Ski durchquert und nahm am härtes-ten Skirennen der Welt teil, der Expedition Amundsen in Norwegen. 100 Reisen und 25.000 Kilometer zu Fuß sind bis heute zu-sammengekommen. Sein Fazit: „Ich habe die Wüste mit dem Auto, Motorrad, Lkw und zu Fuß bereist und muss sagen: Das Gehen ist wirklich die einzig adäquate Art des Reisens in dieser Landschaft. Natürlich schafft man auf einer Wanderreise viel weniger Strecke als mit dem Geländewagen; aber man erlebt die Wüste Schritt für Schritt sehr intensiv."

Apropos Eis: Das wäre nach unserem Ab-stieg ins nächste Wadi klasse. Zumindest gibt es etwas Frischluft, als uns Amur, Assad und Youssef mit den Geländewagen ein-holen und die Türen öffnen. Aus den Wa-gen quellen neben tiefgekühlter Luft auch die hämmernden Beats von Beduinen-trommeln. Amur, der selbst als Guide ar-beitet und in den Bergen Omans aufwuchs, hält es persönlich gern mit dem modernen omanischen Lifestyle. Lachend bekennt er:

„Autofahren macht mir in der Wüste, glaub ich, noch ein bisschen mehr Spaß als Wan-dern", nachdem er unsere Wasserflaschen nachgefüllt hat. Danach braust er mit seinen beiden Mitarbeitern weiter.

Von der nächsten Düne aus ist unser Ta-gesziel bereits zu erkennen. Jerome von Ara-bien deutet auf einen markanten Sandberg auf der anderen Seite eines weiten Wadis. „Am Fuß werden wir übernachten." Sieht aus wie ein kompletter Tagesmarsch. „Nö, in einer Stunde sind wir da", beruhigt der Fachmann fürs Sandige. Verblüffend, ohne Erfahrung und Bezugspunkt sind Entfer-nungen kaum einzuschätzen.

Drei-Gänge-Menü im Sand
„Genusswandern" hat Blösser unsere Reise genannt. Es ist die softere Variante seiner Oman-Trips. Statt einer kompletten Tages-tour wandert die Gruppe dabei nur vier bis fünf Stunden. Kurz nach Mittag ist bereits das Lager erreicht, wo die omanischen Jungs schon Tee, Datteln und Melonen auf dem Teppich drapiert haben. Danach ist viel Zeit zum Dösen, Schlafen, Lesen und vor allem auch Reden. Mit der jungen Heilpraktike-rin aus Berlin etwa, die mit dem Motorrad schon oft in der Wüste war und jetzt auch mal Wandern ausprobieren möchte. Mit der Rentnerin aus Hamburg, die Blösser längst angesteckt hat mit dem Wüsten-Virus – als Stammgast hat sie nach unserer Tour gleich noch die nächste, längere gebucht. Oder mit dem Vater-Sohn-Duo, das sich jedes Jahr ge-meinsam ein Abenteuer gönnt und nach Skandinavien jetzt mal die Wüste kennen-lernen will.

Am späten Nachmittag wird es Zeit, sich den eigenen Schlafplatz zu suchen. Standen die Zelte am ersten Abend noch nahe an Autos und Gruppenteppich, so sucht sich am zweiten schon jeder seinen ganz priva-ten Traumplatz inmitten der Dünen. Als die Sonne als rote Riesenkugel aufs Sandmeer herabsinkt und bei ihrem Verschwinden

Durstlöscher
Ein Avocadosaft
schmeckt und
erfrischt zugleich

Anschlussprogramm
Sandstrände säumen
die Küste von Salalah
am Indischen Ozean

Schmuckstück
Al-Hisn-Palast in Salalah,
die Sommerresidenz des
Sultans von Oman

eigenartig an, aber auch recht gemütlich. Und das Hotel am Meer von Salalah ist eine ideale Endstation nach so einer Tour, schließlich gilt die Südküste Omans mit ihren breiten Stränden und dem klaren Wasser als Karibik Arabiens. Zugleich sorgt die Provinzhauptstadt mit ihren 200.000 Einwohnern nicht für einen Zivilisationsschock. Endlos erstreckt sich die Stadt an der Küste und ist unter den von Palmen gesäumten Boulevards vielerorts fast menschenleer. Die riesige Sultan-Qabus-Moschee und der Sommerpalast des Herrschers sind wie aus dem Ei gepellt, und hier und da gibt es auch noch altes Arabien zu entdecken. Auf den Souks der Stadt etwa, wo um Fisch und Gemüse, Datteln und Obst gefeilscht wird und sich die alten Männer Tee trinkend beim Domino vergnügen. Der Handel mit Weihrauch brachte der südlichsten Provinz Omans einst ihren Reichtum ein. Davon indes ist nicht viel geblieben. Blümerant vom Rauch wird einem noch im kleinen Souk der Weihrauch-Händler, direkt neben dem Sultanspalast am Strand. Der Parkplatz für die Strandbesucher ist um ein Vielfaches größer. Der Tourismus ist nach dem Öl längst die wichtigste Einnahmequelle und soll weiter gefördert werden für die Zeit, wenn die Welt elektrisch fährt.

Verglichen mit anderen Stranddestinationen geht es gemütlich zu und doch sehnt man sich am Ende der Wüstentour zurück nach der Stille. Am Lagerfeuer in der Rub al-Chali hatte Jerome von Arabien ein nomadisches Sprichwort zitiert: „Niemand hinterlässt Spuren in der Wüste, aber die Wüste hinterlässt Spuren in der Seele der Menschen." Wie wahr!

---

ein dramatisches Farbenspiel von Gelb und Feuerrot, Orange und Rosa entfacht, duftet es vom kleinen Kochzelt hinter den Autos bereits verführerisch. Drei Gänge zaubert das Team Oman allabendlich aus den Vorräten, die den Laderaum eines Wagens ausfüllen. Der zweite ist bis zum Anschlag mit Wasser beladen, im dritten finden Zelte und der Rest der Ausrüstung Platz.

An den nächsten Tagen sind unsere Etappen etwas länger und die Dünen höher. Schnell gewöhnt man sich an diesen Rhythmus des Unterwegsseins. Und auch an die Entbehrung beim Wüstenwandern. Dazu gehört, dass kostbares Wasser allein zum Trinken und Kochen da ist. Die nächste Dusche gibt es erst in Salalah und selbst die Teller und das Besteck bekommen nur eine Wäsche aus Sand – sehen danach aber aus wie neu.

Jeder Tag und jede Nacht bringen neue Überraschungen. Beispielsweise sind nach regenreichen Wochen zum Winterbeginn einzelne Wadis eingetaucht in ein gelbes Blütenmeer, in dem die Heuschrecken zirpen. Und sogar hoch oben auf den Dünen sprießen Pflanzen aus dem Sand. In der dritten Nacht zeigt die Rub al-Chali, dass sie nicht nur still und sternenklar sein kann. Fallwinde kneten die Zelte ordentlich durch und treiben den Sand durch die Moskitonetze. Im vierten Lager lassen sich ein Wüstenfuchs und eine Wüstenspringmaus sehen, nachdem wir in den Lagern zuvor schon Spuren der putzigen Sandbewohner gesehen hatten. Und zum Abschluss der Tour stehen am frühen Morgen Mond, Venus und Jupiter so klar als Trio über dem Horizont, dass man sogar noch drei Jupitermonde mit bloßem Auge erkennen kann.

Erfrischende Karibik Arabiens
Die ersten Kilometer im klimatisierten Auto fühlen sich nach einer Woche zu Fuß ganz

---

Dietmar Denger
Der Fotograf und Autor, beheimatet in Bayern, arbeitet für renommierte Reisemagazine und Portale

NAVIGATOR Oman

Marco Polo Reiseführer Oman mit vielen Infos und Tipps. 120 Seiten, 12,99 €. Erhältlich unter *adac-shop.de*

Das auf der Arabischen Halbinsel gelegene Sultanat Oman ist geprägt von faszinierenden Wüstenlandschaften und dem Hadschar-Gebirge im Norden. Erholung nach dem Abenteuer bieten die Strände am Arabischen Meer

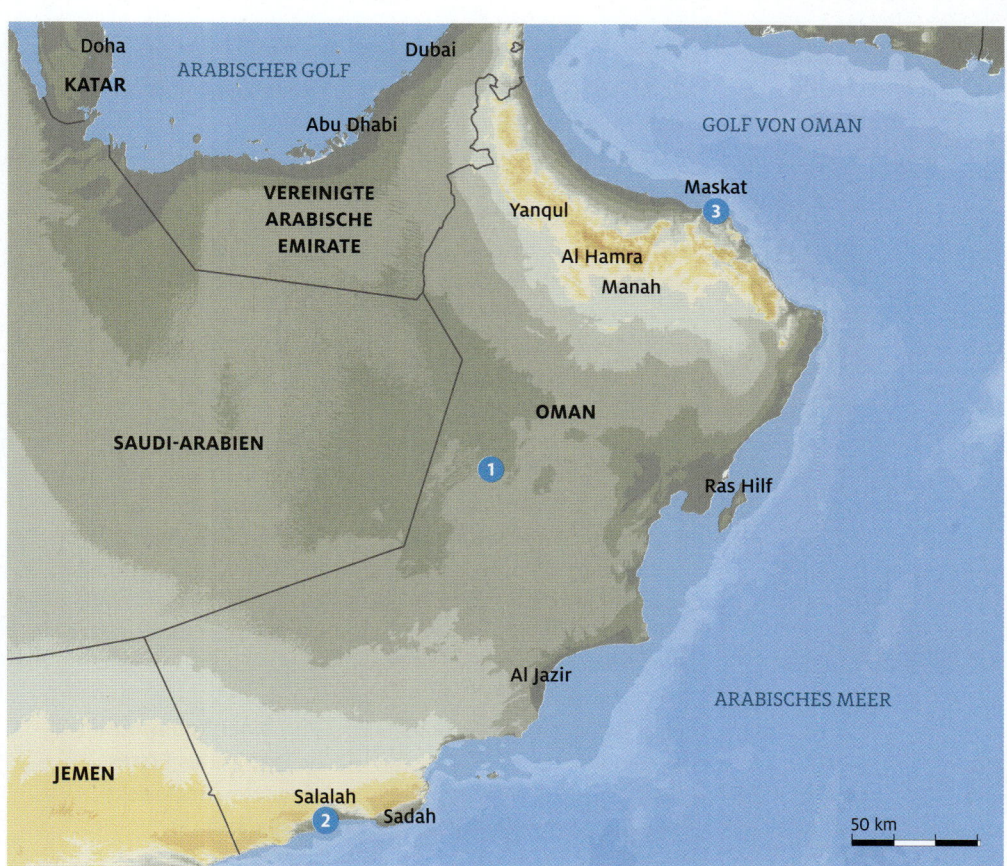

ORGANISIERTE REISEN

Das Unternehmen Puretreks von Jerome Blösser organisiert Wanderreisen auf vier Kontinenten. Bei den Wüstenreisen in Oman stehen zum Tourstart und -ende einige Strandtage in Salalah auf dem Programm. Es gibt die softere Version „Wüstentraum – Genusswandern Rub al-Khali" mit Halbtageswanderungen (12 Tage), die auch von aktiven Gästen ohne viel Wandererfahrung bewältigt werden können, sowie das sportliche „Trekking ins Leere Viertel – Aktivwandern Rub al-Khali" (14 Tage).
Hauser Exkursionen bietet mehrere Trekkingreisen in Oman an: Die Tour „Oman – Vom Berg der Sonne durch drei Wüsten Arabiens" führt von Maskat aus über das Hadschar-Gebirge und Nizwa durch die Wüsten Rub al-Khali, Al-Khaluf und Wahiba Sands (16 Tage).
🌐 *puretreks.com*
🌐 *hauser-exkursionen*

BUCHTIPP

In „Freiheit unterm Wüstenhimmel" erzählt Jerome Blösser in Text und Bild von seinen Abenteuern in den Wüsten der Welt und gibt Einblicke in die Kulturen der Länder. Frederking & Thaler Verlag, 192 Seiten, 29,99 €.

HIGHLIGHTS

1 Rub al-Chali
Das „Leere Viertel" ist die größte Sandwüste der Erde, ihre Dünen erstrecken sich über Hunderte Kilometer bis nach Saudi-Arabien und den Emiraten am Persischen Golf. Die roten Sonnenuntergänge und der Sternenhimmel der Wüstennacht bieten magische Naturerlebnisse.

2 Salalah
Die vom Monsun gestreichelte Küste um den modernen Badeort Salalah lockt mit sauberen Stränden am Arabischen Meer. Gute Hotels und grüne Palmengärten versprechen Erholung nach dem Wüstenabenteuer.
🌐 *beautifulsalalah.com*

3 Maskat
Wie auch Salalah reizt die Hauptstadt Maskat mit quirligen Souks und einer Sultan-Qabus-Moschee. Von hier aus bieten sich Touren in das knapp 3000 Meter hohe Hadschar-Gebirge mit der Oasenstadt Nizwa und der Lehmfestung Bahla an, die zum Weltkulturerbe gehört.

AN- UND EINREISE

Verschiedene Airlines wie Oman Air oder Emirates fliegen nach Maskat und Salalah, mitunter mit Zwischenstopp in Dubai. Für die Einreise werden ein Reisepass sowie ein Visum benötigt, welches vorab elektronisch beantragt werden kann.
🌐 *evisa.rop.gov.om/home*

INFORMATIONEN

Weitere Tipps und Informationen finden Sie unter:
🌐 *omantourism.gov.om*
🌐 *omantourism.de*
🌐 *visitoman.com*

„Ein Fischbrötchen am Meer"

Beruflich auf Achse: In der TV-Sendung „Wunderschön!" macht die Journalistin **Tamina Kallert** Lust aufs Reisen. Und das stets gut gelaunt. Gibt es auch etwas, das sie nervt? Wie reist sie privat?

Wenn ich reise, fühle ich …
Neugierde, Abenteuerlust, Verbundenheit, Freiheit.

Mein Lieblingsland ist …
die Schweiz, denn im Nachbarland sind meine beiden Kinder geboren.

Meine Lieblingsstadt ist …
Rom und Kopenhagen und Porto und Berlin und Valencia und Wien und …

Ich war noch niemals in …
China, auf den Cookinseln und in der Antarktis.

Zum Traumurlaub gehört für mich…
loslassen, entspannen, einverstanden sein.

Schlafen würde ich gerne einmal …
auf einem Segelschiff unter freiem Himmel.

In einem Hotel checke ich zuerst …
den Blick aus dem Fenster und dann, ob es den Kaffee auch schon am frühen Morgen gibt.

Nah oder fern? Ich entscheide mich für …
mittendrin statt nur dabei.

Luxus im Urlaub ist für mich …
leicht beschickert und keine Termine.

Heimweh empfinde ich …
immer.

Einem Freund aus dem Ausland empfehle ich in Deutschland …
den Besuch in einem zünftigen Biergarten, ein Fischbrötchen am Meer und ein Orgelkonzert in einer schönen Kirche.

In meinem ersten Urlaub als Kind war ich …
mit dem VW-Bus auf Skopelos.

Als Reiselektüre schätze ich …
„Hesse für Gestresste".

Auf einer Robinson-Insel würde ich als Erstes …
den roten Rucksack auspacken.

Hinterm Horizont …
wartet schon das nächste Abenteuer.

Tamina Kallert
wurde 1974 in Freiburg im Breisgau geboren. Nach einem Germanistik-Studium begann sie als Reporterin für den WDR in Köln zu arbeiten. Seit 2008 ist sie das Gesicht der TV-Reisesendung „Wunderschön!". Ihr aktuelles Buch: „Und dann kommt das Meer in Sicht" (Kösel-Verlag)

Das Urlaubsgeschenk
– exklusiv für alle Abonnenten!

MITMACHEN UND GEWINNEN

Für Ihre Entdeckungstouren

Gewinnen Sie eins von drei sektor D 8 x 42 Ferngläsern von Eschenbach im Wert von je 349 €

Ideal für die Natur- und Vogelbeobachtung: Dank lichtstarker BaK-4-Prismen mit voller Mehrschichtvergütung und Phasenkorrektur bietet das wasserfeste sektor D 8 x 42 von Eschenbach Optik eine brillante, naturgetreue Farbwiedergabe – selbst bei weniger guten Lichtverhältnissen.

Weitere Infos finden Sie unter:
eschenbach-sportoptics.com

Unsere Frage:

Wo steht der aus „Otto"-Filmen bekannte Leuchtturm?

So geht die Teilnahme: Coupon ausschneiden oder kopieren, ausfüllen, in Briefumschlag stecken oder auf Postkarte kleben, frankiert versenden an:
ADAC Reisemagazin • Preisausschreiben • „Südliche Nordsee" • 70111 Stuttgart
Einsendeschluss: 04. August 2022

Teilnahmebedingungen
Teilnahmeberechtigt sind nur Abonnenten des „ADAC Reisemagazins". Es dürfen nur die für das jeweilige Preisausschreiben vorbereiteten Antwortcoupons verwendet werden. Einsendeschluss für das Preisausschreiben „Südliche Nordsee" ist der 04. August 2022 (Poststempel). Der Preis wird bis Ende August 2022 ausgelost. Der Gewinner wird schriftlich benachrichtigt. Mitarbeiter des ADAC, der Motor Presse Stuttgart sowie deren Angehörige sind nicht teilnahmeberechtigt. Die Teilnehmer erklären sich einverstanden, dass ihre Namen im Fall des Gewinns im „ADAC Reisemagazin" veröffentlicht werden. Rechtsweg und Barauszahlung sind ausgeschlossen.

Auflösung & Hauptgewinner des Preisausschreibens „Venedig & Venetien"
Die richtige Antwort lautete: „Rialtobrücke".
Den 1. Preis, einen Gutschein von *adacreisen.de* im Wert von 1000 €, hat F. Wiesemann aus Wetter gewonnen.

Absender

Vorname _____

Name _____

Straße _____

PLZ/Ort _____

Ihre Adressdaten werden ausschließlich zur Durchführung des Gewinnspiels verwendet. Zur Ausschüttung des Gewinns werden diese an die jeweiligen Gewinnsponsoren übermittelt.

Wo steht der aus „Otto"-Filmen bekannte Leuchtturm?

○ Westerhever

○ Pilsum

○ Campen

Lösung bitte ankreuzen.

Nur ausreichend frankierte Einsendungen mit diesem Teilnahme-Coupon als Original oder Kopie werden bei der Verlosung berücksichtigt.

0,70 € (POSTKARTE) ODER 0,85 € (BRIEF), DIE SICH LOHNEN!

Deutsche Post
ANTWORT

ADAC Reisemagazin
Preisausschreiben
„Südliche Nordsee"
70111 Stuttgart

ADAC Reisemagazin #190

DIE NÄCHSTE AUSGABE ERSCHEINT AM 18. AUGUST 2022

TITELTHEMA

Servus, Tirol

Hohe Gipfel, schöne Täler, einsame Wanderwege und gute Küche: Wir entdecken Österreichs vielseitige Alpenregion

Fischland-Darß-Zingst

Zwischen Bodden und Ostsee – eine Halbinsel zum Verlieben

Bilbao

Viel Kultur und feine Tapas – Spaniens Basken-Metropole

Grand Tour

Abgefahren: eine Autotour durch die magische Schweizer Bergwelt

Weitere Themen:

Spezial: Caravan & Reisemobil
Neue Ideen für den Wohnmobilurlaub

Reise-Ratgeber
Nützliche Informationen zu Reiserecht, Gesundheit, Versicherung etc.

Editor's Choice
Unsere Reise-Reporter empfehlen Hotels, Restaurants & Kultur-Highlights

Impressum

Herausgeber:
Motor Presse Stuttgart GmbH & Co. KG
Leuschnerstraße 1, 70174 Stuttgart
© 2022 Motor Presse Stuttgart GmbH & Co. KG, Stuttgart
ADAC Reisemagazin Markenlizenz der ADAC Medien und Reise GmbH, München

Geschäftsführung: Dr. Andreas Geiger, Jörg Mannsperger

Leiter des Geschäftsbereichs Sport & Lifestyle: Wolfgang Melcher

Publisher: Barbara Groscurth

Vermarktung: Director New Business & Creative Solutions, Olaf Beck; E-Mail obeck@motorpresse.de

Chefredaktion: Diddo Ramm (verantwortlich)

Redaktionsleitung: Olaf Heise

Produktionsleitung: Anne-Marie Decker

Redaktionelle Mitarbeit: Holger Bloem, Dietmar Denger, Sylvie Gühmann, Daniela Grunwald, Uwe Killing, Kirsten Rick, Manu Schmickler, Claas Vogt

Artdirection: Dennis Lewczenko

Bildredaktion: Konrad Lippert (verantwortlich), Arzu Sandal

Schlussredaktion: Dr. Lars Dammann

Vertrieb: MZV Moderner Zeitschriften Vertrieb GmbH & Co. KG, Tel +49 (0)89 319060, E-Mail: info@mzv.de

Einzelheftbestellungen und Abonnement:
Abonnenten Service Center GmbH
Tel +49 (0)781 639 66 57 (Inland)
Tel +49 (0)781 639 66 58 (Ausland)
E-Mail: bestellung@reise-magazin.com

Herstellung: Michael Wander

Digitale Bildbearbeitung: Sebastian Böcking, Mohn Media Mohndruck GmbH, 33311 Gütersloh

Druck: Appl Druck GmbH, 86650 Wemding

E-Mail: redaktion@reise-magazin.com

ADAC Reisemagazin online: reise-magazin.com

Ausgabennummer: 03-2022

ADAC REISEMAGAZIN erscheint 6-mal im Jahr. Einzelheft: 8,95 €; ADAC REISEMAGAZIN im Abonnement: Preis für zzt. 6 Ausgaben (ggf. inkl. Sonderheften zum Preis von zzt. 8,32 €) inkl. MwSt. und Versand Deutschland: 49,90 € (Österreich: 55,00 €, Schweiz: 88,00 SFR; übrige Auslandspreise auf Anfrage). Studenten erhalten gegen Vorlage einer Immatrikulationsbescheinigung das Abo (zzt. 6 Ausgaben) mit einem Preisvorteil von 40 % gegenüber dem Kauf am Kiosk zum Preis von 32,22 € (Österreich: 35,82 €, Schweiz: 56,88 SFR; übrige Auslandspreise auf Anfrage) ggf. inkl. Sonderheften zum Preis von zzt. 5,37 €.

Datenschutzinfo: Kontakt zum Datenschutzbeauftragten: Abonnenten Service Center GmbH, Postfach 1223, 77602 Offenburg, Tel: 0781-6396102. Namens-, Adress- und Kontaktdaten zum Vertragsschluss erforderlich. Verarbeitung (auch durch Zahlungs- und Versanddienstleister) zur Vertragserfüllung sowie zu eigenen und fremden Werbezwecken (Art. 6 I b) bzw. f) DSGVO) solange für diese Zwecke oder aufgrund Aufbewahrungspflichten erforderlich. Bei Art. 6 I f) DSGVO ist unser berechtigtes Interesse die Durchführung von Direktwerbung. Sie haben Rechte auf Auskunft, Berichtigung, Löschung oder Einschränkung der Verarbeitung, Widerspruch gegen die Verarbeitung, auf Datenübertragbarkeit sowie auf Beschwerde bei einer Aufsichtsbehörde.

Datenschutzanfragen: Telefon: 0781-84 6102; E-Mail: adacreisemagazin@datenschutzanfrage.de

AWA 2021

FOTOS: TINIEDER/ISTOCKPHOTO, REINHARD SCHMID/HUBER IMAGES, MATTHIBCN/ISTOCKPHOTO, WALTER ZERLA/IMAGO IMAGES